AF672350

STEFANIE KROTH

DER PERFEKTE BLUSENSCHNITT

Innovative Schnittmuster erstellen

stiebner

IMPRESSUM

Covergestaltung: Guter Punkt, München
Layout: Claudia Castiglione, Guter Punkt, München
Fotografie Cover und Aufmacher: Guido Köninger
Fotografie Autorenbild: Guido Köninger
Technikbilder von der Autorin
Produktmanagement: Stefanie Klapetek
Gesamtherstellung: Stiebner Verlag, Grünwald
Bibliografische Information der Deutschen Nationalbibliothek
Die Deutsche Nationalbibliothek verzeichnet diese Publikation in der Deutschen Nationalbibliografie; detaillierte bibliografische Daten sind im Internet über http://dnb.dnb.de abrufbar.
© 2020 Stiebner Verlag GmbH, Hirtenweg 8b, 82031 Grünwald
Printed in the EU
ISBN 978-3-8307-2083-6

Dieses Buch darf nur nach vorheriger schriftlicher Zustimmung des Copyright-Inhabers vollständig bzw. teilweise vervielfältigt, in einem Datenerfassungssystem gespeichert oder mit elektronischen bzw. mechanischen Hilfsmitteln, Fotokopierern oder Aufzeichnungsgeräten bzw. anderweitig weiterverbreitet werden.

Wir produzieren unsere Bücher mit großer Sorgfalt und Genauigkeit. Trotzdem lässt es sich nicht ausschließen, dass uns in Einzelfällen Fehler passieren. Unter www.stiebner.com/errata/2083-6.html finden Sie eventuelle Hinweise und Korrekturen zu diesem Titel. Sollten Sie in diesem Buch einen Fehler finden, so bitten wir um einen Hinweis an verlag@stiebner.com. Für solche Hinweise sind wir sehr dankbar, denn sie helfen uns, unsere Bücher zu verbessern.

STEFANIE **KROTH**

DER PERFEKTE BLUSEN SCHNITT

Innovative
SCHNITTMUSTER
erstellen

so-pattern.com

INHALT

VORWORT

Schnitte selbst zu machen ist kein Hexenwerk und trotzdem magisch. Eine Portion Schnitttechnik, eine Prise Experimentierfreude und schon ist ein neues Teil gezaubert.

Am Anfang ist es immer sicherer sich auf Rezepte zu verlassen – hier im Buch haben wir 20 davon – bis man die Vorgehensweise durchschaut. Diese Rezepte verstehen sich als eine Einladung für neue Kombinationen, Ideen, Variationen – sie wollen Lust machen, die eigene Schnittwelt zu erschaffen.

GRUNDSCHNITTE

GRUNDSCHNITTE

In der klassischen Schnittkonstruktion wird mit körpernahen Grundschnitten gearbeitet, die als Ausgangsbasis für jede Modellentwicklung dienen. Wichtig ist es, dass dieser enge Grundschnitt passt – Weite kann man immer ohne Probleme zugeben. Bei den Blusengrundschnitten gehen wir von Webware aus. Webware ist nicht so elastisch wie Strick-/Wirkware oder Jersey und verhält sich anders, etwas kompromissloser könnte man sagen. Teilweise kann man die Modelle auch aus Jersey nähen, aber je nachdem wie dehnbar diese Wirkware ist – und wie körpernah das Modell sein soll – muss man etwas am Schnitt ändern. Grundschnitte können auf eigene Körpermaße konstruiert und angepasst werden. Wir kürzen dieses Verfahren radikal ab: Auf dem Schnittbogen finden Sie Konfektionsgrundschnitte von Größe 34-48 und im Grundschnittteil im Buch lernen Sie, wie Sie diese individuell für Ihre Passform perfektionieren können.

Sobald der Grundschnitt steht, stürzen wir uns in die aufregende Welt der Modellentwicklung: Aus einem Grundschnitt habe ich 20 unterschiedliche Blusenmodelle erstellt, mit verschiedenen schnitttechnischen Anforderungen und Detaillösungen, die wir beispielhaft durchspielen. Sie können stringent ein Modell durcharbeiten oder sich Details von verschiedenen Modellen aussuchen und untereinander kombinieren.

Als Werkzeug benötigen Sie zum Zeichnen Schnittpapier, einen spitzen Bleistift, eine Papierschere, ein Geodreieck, ein größeres Lineal (Länge 60 cm) oder einen Schneiderwinkel, evtl. ein Kurvenlineal und Klebeband, z.B. Malerkrepp.

Maße und Größentabelle

Welche Größe Ihnen beim Grundschnitt am besten passt, können Sie mit der Tabelle (auf S. 11) herausfinden. Bitte erschrecken Sie nicht, wenn Ihre Maße von den gängigen Kauf-Konfektionsgrößen abweichen: Die Bekleidungshersteller korrigieren diese Angaben aus kaufpsychologischen Gründen gern nach unten. Doch: Keiner sieht, welche Größe wir nähen, aber jeder bemerkt, wenn das Teil zu klein ist.

Bei Maßen unterscheiden wir zwischen Körpermaßen, Bewegungszugaben und Fertigmaßen. In der Größentabelle stehen die Körpermaße. Doch in einer zweiten Haut aus Webware könnten wir uns weder bewegen noch ein- und ausatmen. Daher gibt es die Bewegungszugaben. Bei dem vorliegenden Blusengrundschnitt betragen die Bewegungszugaben beim Brustumfang 10 cm rundherum, beim Taillen- und Gesäßumfang werden jeweils 10 cm zugegeben. Die Maße, die sich aus Körpermaß und Zugabe errechnen, sind die Fertigmaße, also die Weite, die das fertige Kleidungsstück haben soll.

Körpermaße sind eng am Körper auf der Unterwäsche gemessene Maße, am besten mit dem BH, den man später zu dem Kleidungsstück trägt: Push-ups oder trägerlose BHs ändern nämlich die Passform. Die Körpermaße sind die Grundlage für die Grundschnittkonstruktion, daher empfiehlt es sich, sich gut ausmessen zu lassen. Ja, ausmessen lassen. Denn das führt zu besseren Ergebnissen. Doch wer es nicht abwarten kann, bis die Person seines Vertrauens Zeit hat: Man kann auch viel über das Nesselmodell anpassen.

TIPP

Statt mit einem Kurvenlineal kann man die Rundungen auch gut per Hand zeichnen. Beim Kurvenlineal gibt es oft nicht genau die Kurve, die man bräuchte. Lieber öfter stricheln und dann die beste Kurve ausschneiden.

TIPP

Malerkrepp eignet sich besonders gut als Klebeband, da es repositionierbar ist und man darüber zeichnen kann.

Maße und Größentabelle

Maße und Größentabelle

Folgendes Maß benötigen Sie, um Ihre Größe zu wählen:

1 **Brustumfang:** Rundherum über die stärkste Stelle der Brust gerade, d.h. parallel zum Boden, messen. Achten Sie darauf, hinten nicht nach unten auf die Unterbrustlinie zu rutschen, und die Spitzen der Schulterblätter mit zu erfassen.

Mit diesen Maßen passen Sie den gewählten Schnitt an:

2 **Taillenumfang:** Rundherum an der schmalsten Stelle mit entspanntem Bauch messen. Für weitere Messungen am besten hier ein Band umbinden.

3 **Gesäßumfang:** Rundherum an der stärksten Stelle des Gesäßes messen (das kann je nach Figur auch erst auf Oberschenkelhöhe sein).

4 **Gesäßlänge:** Abstand zwischen Taillenlinie und Gesäßlinie.

5 **Halsumfang:** Rundherum am Halsansatz messen, mit zwei Fingern (oder so viel man wünscht) Luft dazwischen.

6 **Halswirbel-Brust:** Maßband vom Brustpunkt über den Nacken zum anderen Brustpunkt legen und dieses Maß halbieren.

7 **Halswirbel-Brust-Taille:** Maßband von der Taillenlinie über den Brustpunkt und Nacken zur anderen Seite auf der Höhe der Taillenlinie legen und dieses Maß halbieren.

8 **Taillenlänge:** Vom 7. Halswirbel (der sichtbare/spürbare Wirbel im Nacken) bis zur Taillenlinie messen.

9 **Akromionbreite/Schulterbreite:** Vom Schulterknochen der einen Seite zum Schulterknochen der anderen Seite quer und gerade messen.

10 **Armlänge:** Vom Schulter- über den Ellbogenknochen bis zum Handgelenkknochen messen.

11 **Oberarmumfang:** Rundherum an der stärksten Stelle des Oberarmes messen. Wenn die Oberarme unterschiedlich breit sind, das größere Maß verwenden.

12 **Handgelenkumfang:** Rundherum um das Handgelenk messen.

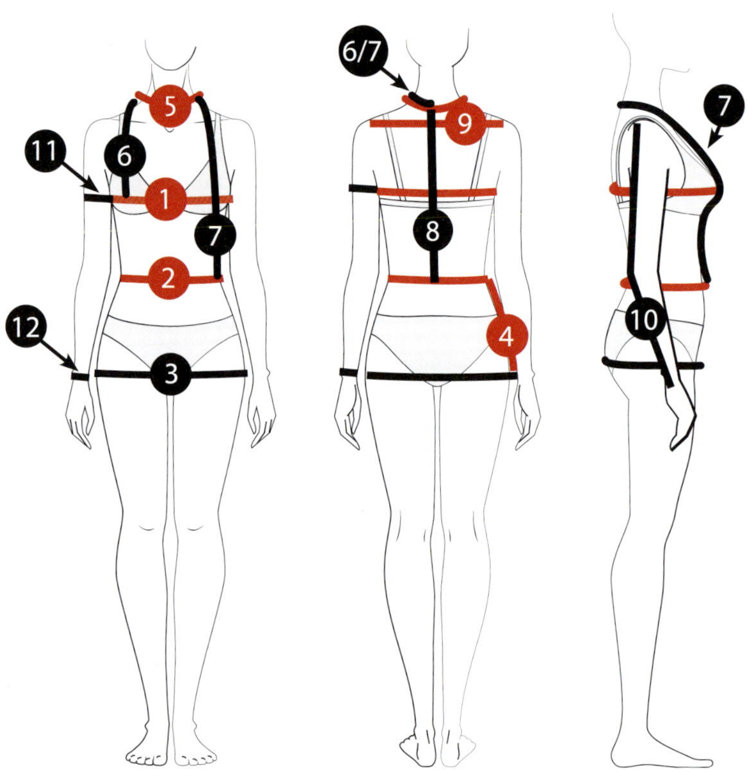

TIPP

Die normalen Grundschnitte in diesem Buch sind auf Cupgrößen B-D ausgelegt. Grundschnitte mit mehr oder weniger Körbchengröße finden Sie unter so-pattern.com/product/grundschnitt-bluse

Sie können sich Ihre Cupgröße auch individuell anpassen. Zur Größenauswahl verwenden Sie bitte die Tabelle auf Seite 11.

Körpermaße in cm

	34	36	38	40	42	44	46	48
1 Brustumfang	82	85	88	92	96	100	106	112
2 Taillenumfang	66	69	72	76	80	84	90	96
3 Gesäßumfang	91	94	97	101	105	109	114,5	120
4 Gesäßlänge	21	21	21	21	21	21	21	21
5 Halsumfang	35,8	36,2	36,6	37,2	37,8	38,4	39,4	40,4
6 Halswirbel-Brust	33,6	34	34,4	35,4	36,4	37,4	38,8	40,2
7 Halswirbel-Brust-Taille	50	50,3	50,6	52,5	52,4	53,3	54,6	55,9
8 Taillenlänge	40,4	40,5	40,6	40,7	40,8	40,9	41	41,1
9 Akromionbreite	35,6	36,4	37,2	38,2	39,2	40,2	41,8	43,4
10 Armlänge	59,8	59,9	60	60,2	60,4	60,6	60,8	61
11 Oberarmumfang	26	27	28	29,4	30,8	32,2	34,2	36,2
12 Handgelenkumfang	15,2	15,5	15,8	16,2	16,6	17	17,6	18,2
1 Rückenbreite	32	33	34	35,2	36,4	37,6	39,4	41,2
2 Brustbreite	34	35,2	36,4	38	39,6	41,2	43,6	46

Größentabelle mit Körpermaßen

Größe
1 Brustumfang
2 Taillenumfang
3 Gesäßumfang
4 Gesäßlänge
5 Halsumfang
6 Halswirbel-Brust
7 Halswirbel-Brust-Taille
8 Taillenlänge
9 Akromionbreite
10 Armlänge
11 Oberarmumfang
12 Handgelenkumfang

Eigene Körpermaße im Vergleich

	Referenzgröße	eigene Maße	Differenz	1/2 Differenz
1 Brustumfang				
2 Taillenumfang				
3 Gesäßumfang				
4 Gesäßlänge				
5 Halsumfang				
6 Halswirbel-Brust				
7 Halswirbel-Brust-Taille				
8 Taillenlänge				
9 Akromionbreite				
10 Armlänge				
11 Oberarmumfang				
12 Handgelenkumfang				

Tragen Sie Ihre Maße und die entsprechende Referenzgröße gemäß dem Brustumfang in die Tabelle ein. Der Schnitt ist mit genügend Bewegungszugabe konstruiert, so können Sie sich bei »knapp drüber« noch in die kleinere Größe einordnen.

Schnittanpassungen Weitenmaße

Bei der ersten Schnittanpassung überprüfen wir den Sitz von Vorderteil, Rückenteil und Ärmel mit Manschetten. Den Kragen testen Sie besser erst, wenn das Halsloch optimal passt. Im Schnitt sind die vordere Mitte sowie die vordere Kante eingezeichnet. Für die Passform ist die vordere Mitte maßgeblich. Diese Linien müssen angezogen aufeinander treffen. Die vordere Kante benötigen wir für den Kragen. Die Längen- und Weitenmaße kann man gut am Papierschnitt abändern, das Feintuning (Kurven ausformen etc.) macht man am Nesselmodell. Wichtig bei den Anpassungen ist, dass man Teile, die zusammengenäht werden, immer beide ändert, damit sie an den Nahtstrecken weiterhin aneinanderpassen.

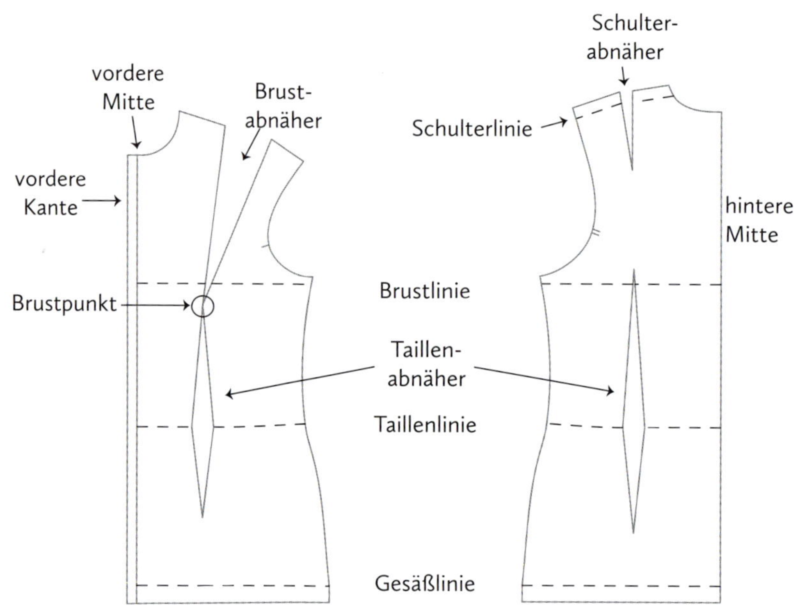

Mehrweitenbeträge auf die Körpermaße

- Brustumfang: 10 cm
- Taillenumfang: 10 cm
- Gesäßumfang: 10 cm

Bei der Schnittanpassung korrigieren wir folgende Weitenmaße:

- Taillenumfang
- Gesäßumfang

1. Eigene Maße von Taillen- und Hüftumfang mit den Tabellenmaßen der gewählten (Brustumfang-)Größe vergleichen und die Differenz ermitteln.
2. Differenzbetrag vierteln, und dieses Maß an der Taillen- und Gesäßlinie jeweils nach innen (verkleinern) oder außen (vergrößern) abtragen.

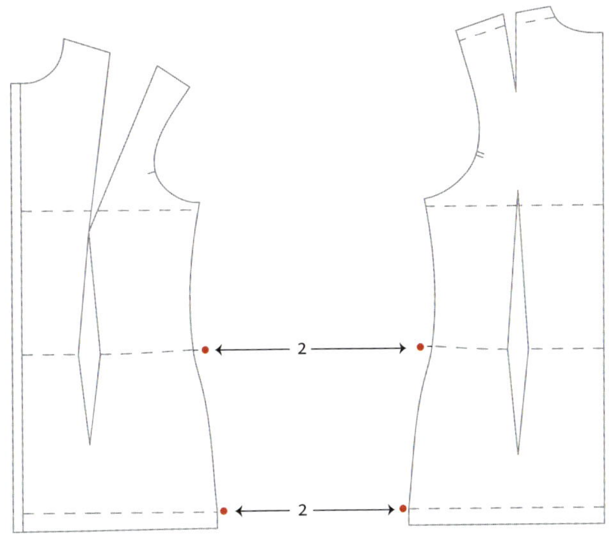

TIPP

Ist der eigene Taillenumfang deutlich üppiger als Brust- und/oder Gesäßumfang und auf der Taillenlinie würde eine Beule nach außen entstehen, dann verwenden Sie bei dieser Anpassung maximal so viel Zugabe in der Taille, dass die Seitennaht einen geraden Verlauf erhält. Die restliche Differenz geben wir bei der »Bauchfigur« zu (siehe Seite 16).

Schnittanpassungen Längenmaße

Die Längenmaße sind folgende:

- Halswirbel-Brust (HB)
- Halswirbel-Brust-Taille (HBT)
- Taillenlänge
- Gesäßlänge

Differenz bei Taillenlänge und/oder HBT

Wer kleiner oder größer ist, als die Norm vorschlägt, kennt das: Beim Kleidungsstück hängt die Taille fast auf der eigenen Hüfte oder knapp unter der Brust und damit sitzt das Teil hinten und vorne nicht. Das Maß für die Taille im Kleidungsteil trifft nicht auf die richtige Stelle am Körper und ruiniert so die ganze Passform. Deshalb verkürzen oder verlängern wir den Abstand zwischen Schulter- und Taillenlinie.

1. Differenzbeträge ermitteln: Sind die Differenzbeträge von Taillenlänge und HBT unterschiedlich, wählt man bei Differenzen das größere Maß und steckt am Nesselteil Überschüsse ab. Wichtig ist, dass die Brust gut eingepackt werden kann.
2. Linie zwischen Brust- und Taillenlinie ziehen und einschneiden.
3. Differenz jeweils im Vorder- und Rückenteil wegnehmen/dazwischen legen (hier haben wir verlängert). Die vordere und hintere Mitte bleibt erhalten.

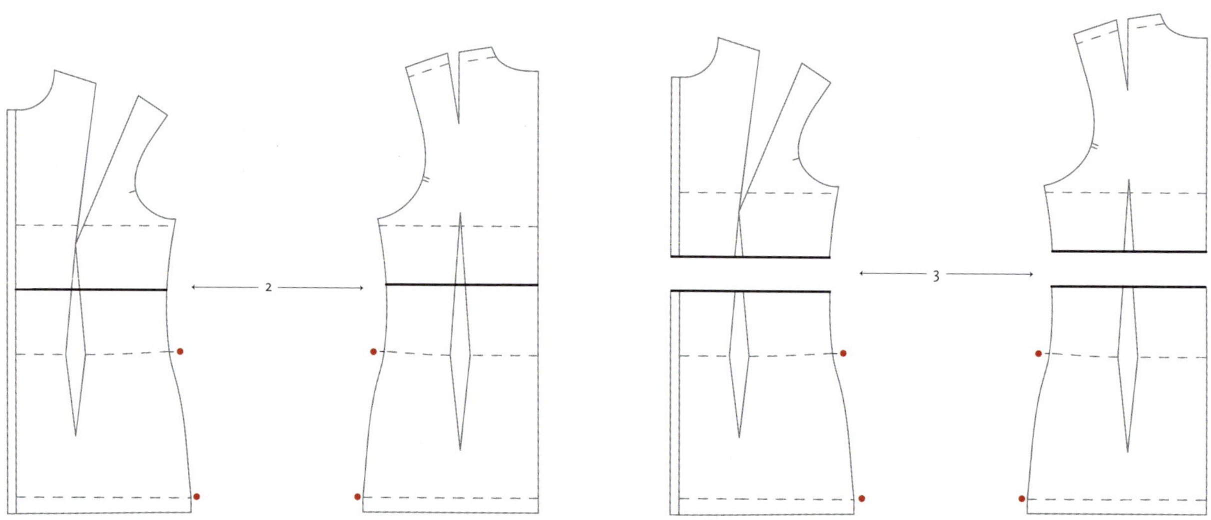

TIPP

Plant man bei großen Brüsten noch ein FBA (Full Bust Adjustment, Seite 24), kann man im Hinterkopf behalten, dass in diesem Falle im Vorderteil noch etwas Mehrlänge dazukommt.

Differenz bei HB

Die richtige Position des Brustpunktes tragen wir vom bestehenden Brustpunkt ab, indem wir die ermittelte Differenz nach oben oder unten verlegen.

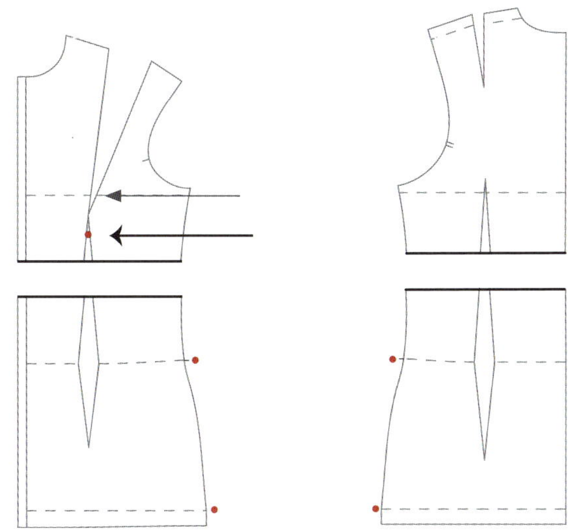

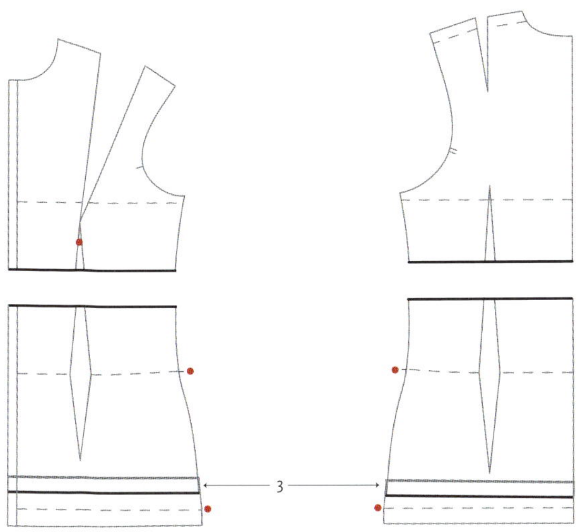

Differenz bei der Gesäßlänge

Der Abstand zwischen der Taillenlinie und der Gesäßlinie kann deutlich variieren, je nachdem ob man einen üppigeren Po hat oder erst im Oberschenkelbereich ausladender wird.

1. Differenzbetrag zwischen eigener Gesäßlänge und der Referenzgröße ermitteln.
2. Linie zwischen Taillen- und Gesäßlinie unterhalb der Taillenabnäher ziehen und einschneiden.
3. Differenz im Vorder- und Rückenteil wegnehmen/dazwischenlegen. Hier haben wir verkürzt.

Nun sind die Weiten- und Längenmaße angepasst und die Punkte an den Außenkonturen und den Abnähern werden verbunden.

Besonderheit: Bauchfigur

Ob man mit einem ausgeprägten mittleren Ring oder einer Schwangerschaft gesegnet ist, spielt keine Rolle: Mit der Anpassung für die Bauchfigur erhält man zusätzliche Weite nur im Vorderteil, also da, wo man sie braucht. Bei einer Bauchfigur ist der Taillenumfang deutlich üppiger als der Brust- und/oder Gesäßumfang und auf der Taillenlinie würde im Schnitt eine Beule nach außen entstehen. Bei der Anpassung im vorigen Abschnitt haben Sie eventuell schon so viel Zugabe in der Taille gegeben, dass die Seitennaht einen geraden Verlauf erhielt. Die fehlende Differenz gleichen wir hier aus.

1. Differenzbetrag des Taillenumfangs ermitteln, dabei den Abnäher im Vorderteil und evtl. den im Rückenteil jeweils doppelt abziehen. Doppelt deshalb, weil wir mit den halben Schnittteilen arbeiten. Wenn an der Seitennaht schon ein Betrag zugegeben wurde, z.B. am Vorder- und Rückenteil jeweils 2 cm (insgesamt 4 cm), dann den doppelten Gesamtbetrag (8 cm, weil die Teile im Bruch liegen) von der Differenz abziehen.

2. Differenz halbieren und an der Taillenlinie an der vorderen Mitte nach links abtragen. Taillenabnäher streichen.
3. Halsloch in der vorderen Mitte mit dem verlegten Taillenpunkt verbinden und nach unten verlängern.

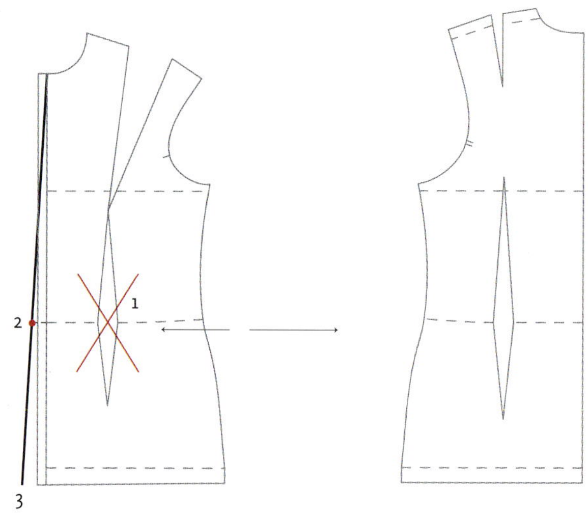

TIPP

Bei einer Figur mit Hohlkreuz empfiehlt es sich zur Modellierung den Abnäher im Rückenteil stehen zu lassen.

4. Auf Höhe der Gesäßlinie den Abstand von der alten zur neuen vorderen Mitte messen.
5. Diesen Betrag an der Seitennaht im Vorderteil wegnehmen und Seitennaht neu auszeichnen. Wenn der Betrag größer ist, kann man den Betrag auch auf das Vorder- und Rückenteil aufteilen, damit die Seitennähte einen schönen Verlauf bekommen. Hier haben wir den Betrag aufgeteilt.

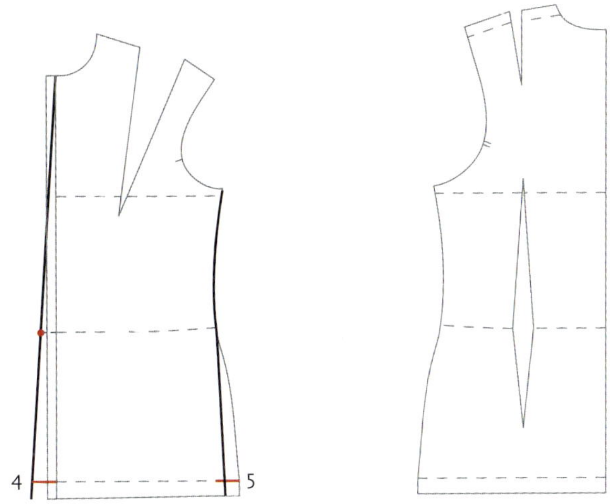

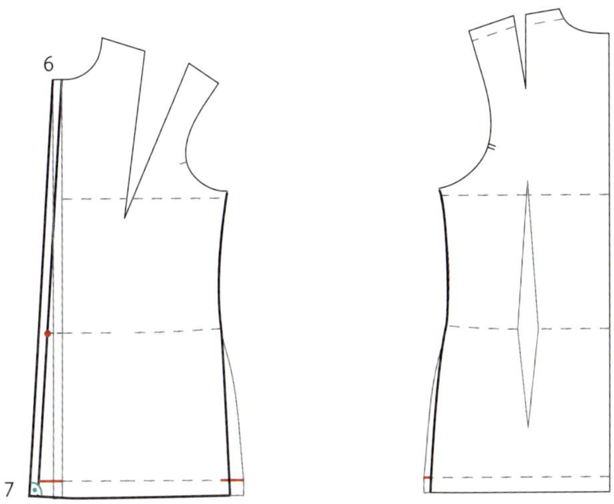

6. Die vordere Kante parallel zur vorderen Mitte zeichnen.
7. Rechten Winkel an der neuen vorderen Kante anlegen und mit der Saumkante verbinden, bei Bedarf Saumkante ausrunden.

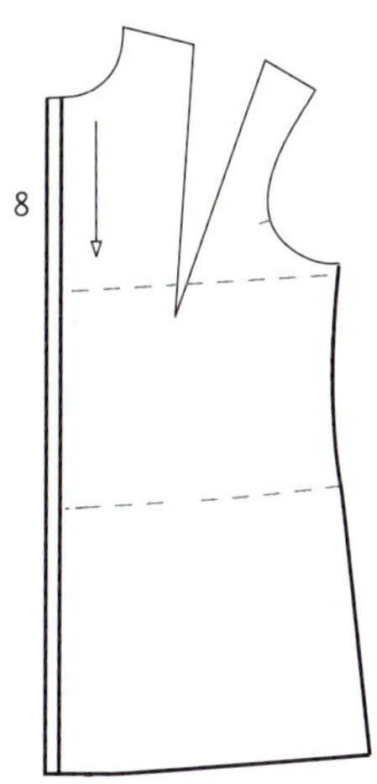

8. Vorderteil an der vorderen Kante »geradestellen«, d.h. der Fadenlauf ist wieder parallel zur vorderen Kante.

TIPP

Wenn durch die Wegnahme des gesamten Mehrbetrages eine Beule entstehen würde: Lieber etwas weniger wegnehmen, wenn man dadurch einen schöneren Verlauf der Seitennaht bekommt. Wenn es vom Verlauf her gut möglich ist, kann man im Rückenteil an der Gesäßlinie die restlichen Zentimeter als Differenz wegzeichnen.

Schulterbreite anpassen

Bei dieser Variante verändern wir die Nahtstrecke im Armloch nicht, daher muss der Ärmel nicht angepasst werden.

1. Differenzbetrag der Akromionbreite ermitteln und halbieren.
2. Schulter im Vorderteil und Rückenteil wie in der Skizze einschneiden: hinter dem Abnäher in die Armlochrundung.

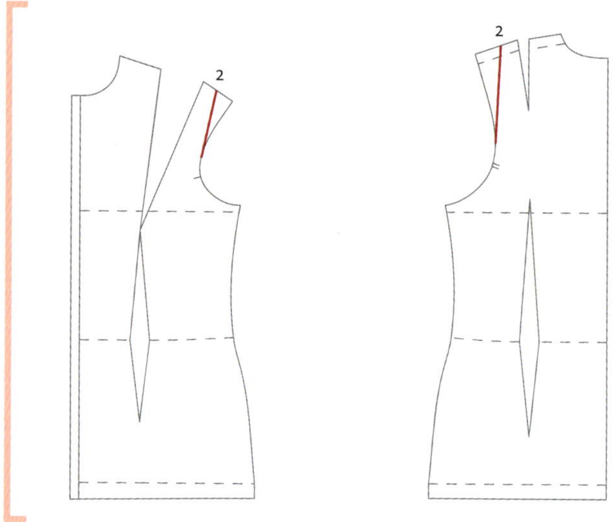

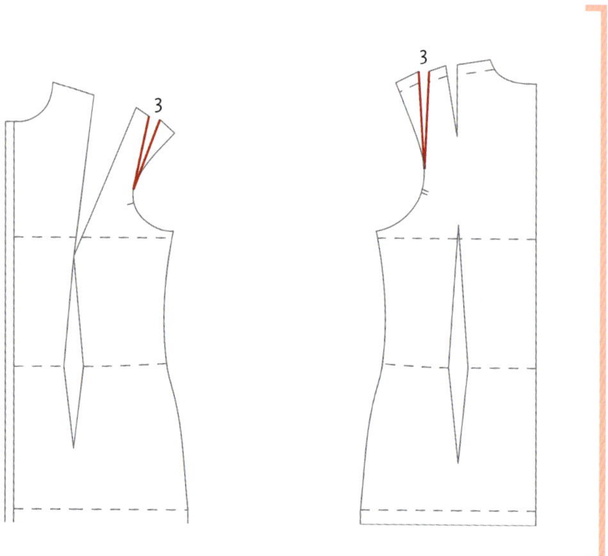

3. Bei schmäleren Schultern jeweils um den Betrag verkleinern/übereinanderlegen, bei breiteren Schultern Betrag dazwischen legen. Hier haben wir einen Mehrbetrag eingelegt.

4. Endpunkte miteinander verbinden.

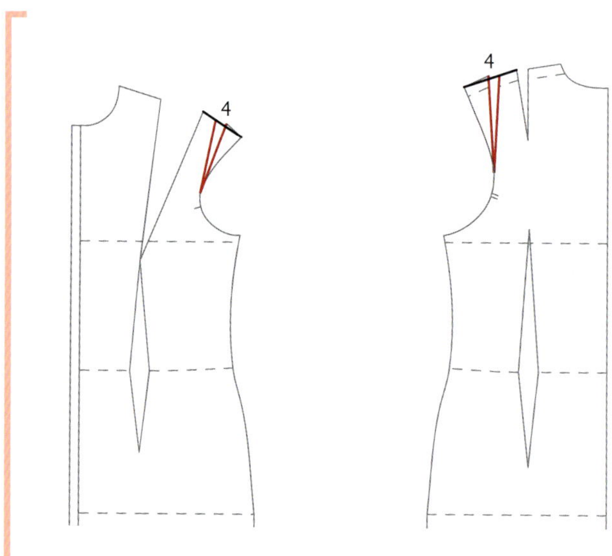

Ärmelanpassung

Der Blusenärmel ist an sich etwas lockerer geschnitten, kontrolliert werden Ärmellänge, Oberarmumfang und Handgelenkumfang.

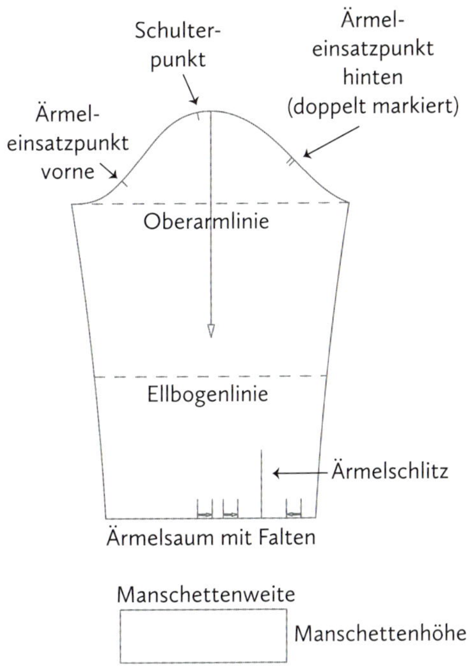

Mehrweitenbeträge auf die Körpermaße:

- Mehrweite an der Oberarmlinie: 10 cm
- Manschettenhöhe: 7 cm
- Manschettenweite: Handgelenkumfang plus 7 cm (inkl. je 1 cm Übertritt für Knopfleiste und Knopfloch)
- Ärmellänge = Armlänge minus Manschettenhöhe plus 1 cm Schopplänge (siehe Seite 43)
- Ärmelsaum = Manschettenweite plus 3 x 2 cm (Falten)

Oberarmumfang ändern

1. Differenzbetrag ermitteln und halbieren.
2. Ärmel wie in der Skizze einschneiden.
3. Bei schmälerem Oberarmumfang Differenzbetrag in der Mitte übereinanderlegen, bei üppigerem Oberarmumfang auseinanderziehen. Dabei bleiben die Saumlänge und Ärmelkante oben erhalten und wir müssen weder die Manschette noch Vorder- und Rückenteil anpassen. Bei kleinerem Oberarmumfang wird die Armkugel höher, bei größerem Oberarmumfang flacher.

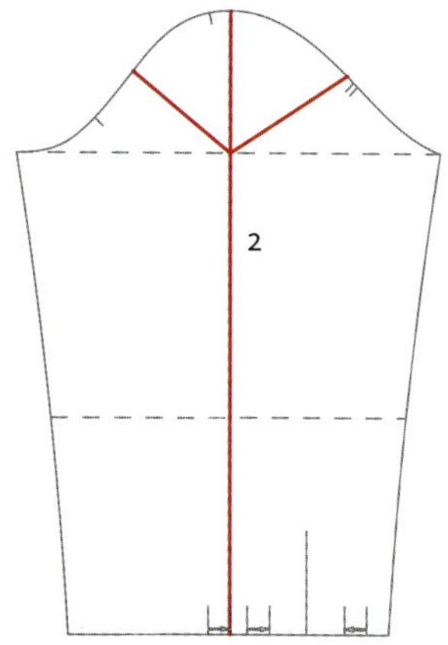

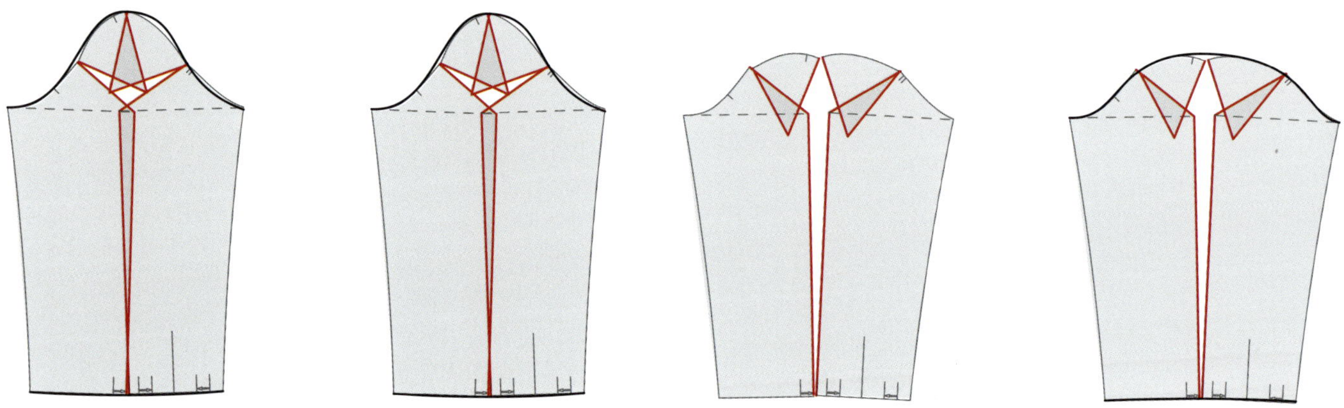

Hier haben wir den Oberarmumfang verkleinert.

Hier ist der Oberarmumfang vergrößert worden.

Ärmellänge anpassen

1. Differenzbetrag ermitteln. Hier wurde die Ärmellänge verlängert.
2. Fadenlauflinie verlängern und ca. auf Höhe der Ellbogenlinie einschneiden.
3. Differenz wegnehmen/dazwischenlegen, dabei werden die Teile an der Fadenlauflinie ausgerichtet.

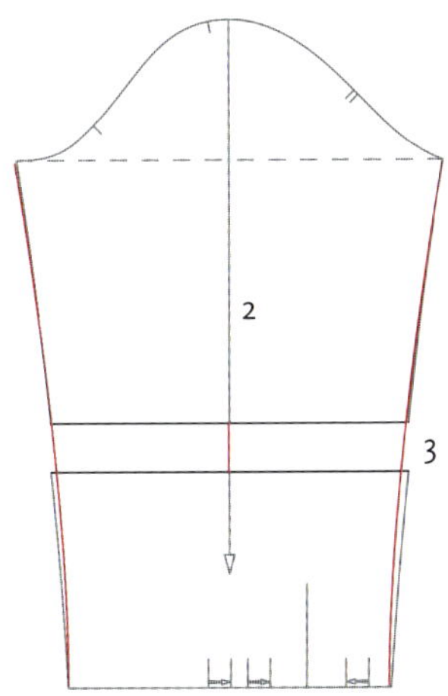

Handgelenkweite anpassen

Wie weit eine Ärmelmanschette sein soll, hat viel mit persönlichem Empfinden zu tun und ob man z.B. üppige Armbänder oder Uhren trägt. Die fertige, zugeknöpfte Manschette entspricht standardmäßig der Handgelenkweite plus 5 cm.

1. Differenzbetrag ermitteln und halbieren.
2. Die Manschette um den Betrag rechts und links verbreitern bzw. verschmälern.
3. Ärmelsaum um diesen Betrag rechts und links nach innen stellen und mit dem oberen Punkt der Ärmelnaht verbinden.

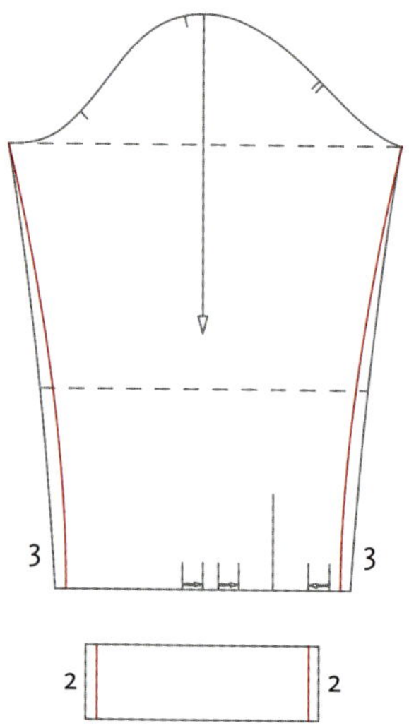

Kragenweite anpassen

Diese Anpassung nehmen wir erst vor, wenn der Grundschnitt genäht und das Halsloch überprüft ist. Dieses neue Halslochmaß – falls es sich verändert hat – vergleichen wir mit unserer Tabelle und passen den Kragen an. Das machen wir bei allen Krägen, außer dem Spatenkragen, gleich.

Zweiteiliger, einteiliger und Liegekragen

1. Differenzbetrag ermitteln und halbieren.
2. Den Kragen jeweils um diese Differenz in der hinteren Mitte parallel verschieben.
3. Im Rückenteil von der hinteren Mitte bis zum Schulterpunkt (gestrichelte Linie) messen.
4. Dieses Maß im Kragen von der hinteren Mitte aus übertragen, es ergibt den neuen Schultereinsatzpunkt.

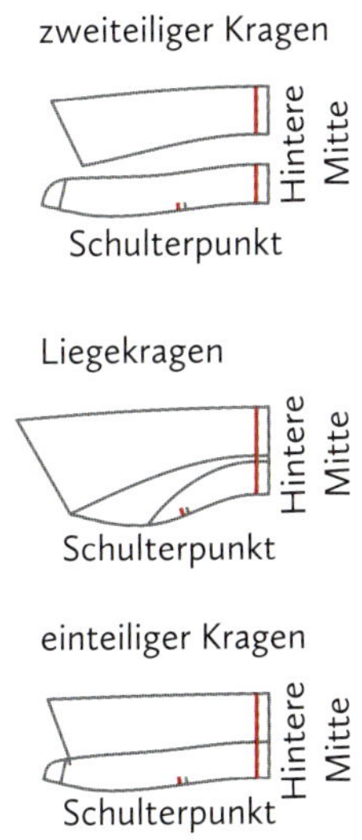

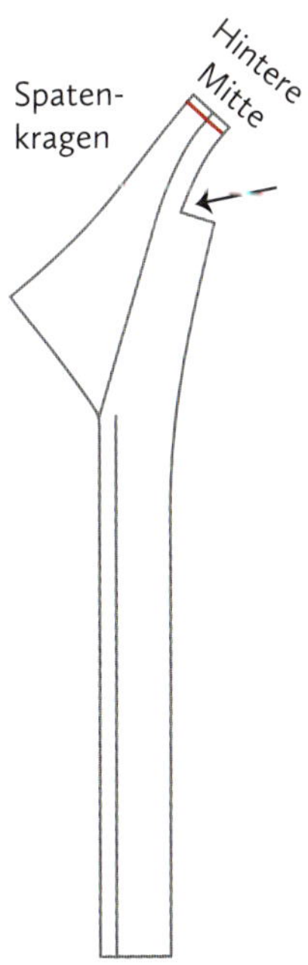

Spatenkragen

1. Im Rückenteil von der hinteren Mitte bis zum Schulterendpunkt (durchgezogene Linie) messen.
2. Am Spatenkragen jeweils um diese Differenz die hintere Mitte parallel verschieben.

Full / Small Bust Adjustment // FBA / SBA

Die normalen Grundschnitte sind auf Cupgrößen B-D ausgelegt. Grundschnitte mit mehr Körbchengröße finden Sie unter so-pattern.com/product/grundschnitt-bluse.

Sie können sich Ihre Cupgröße auch individuell anpassen. Um Ihre Basisgröße auszuwählen, nehmen Sie nicht den Brustumfang, sondern Ihre Rückenbreite. Die Rückenbreite wird von einer bis zur anderen Armvortrittsfalte, ganz oben beim Achselbeginn, gemessen [5].

Als weiteres Maß benötigen Sie die Brustbreite: [2]
Diese wird vorne auf Brusthöhe über dem Brustpunkt gemessen, auch von einer bis zur anderen Armvortrittsfalte. Die Arme sollen dabei locker und entspannt nach unten hängen. Das ist etwas trickreich zu messen, da man gerne automatische die Arme zurückzieht, wenn sich jemand mit dem Maßband nähert. Es hilft z.B. wenn die Arme locker hängen, die Handflächen auf die Oberschenkel zu legen, um die Position zu stabilisieren.

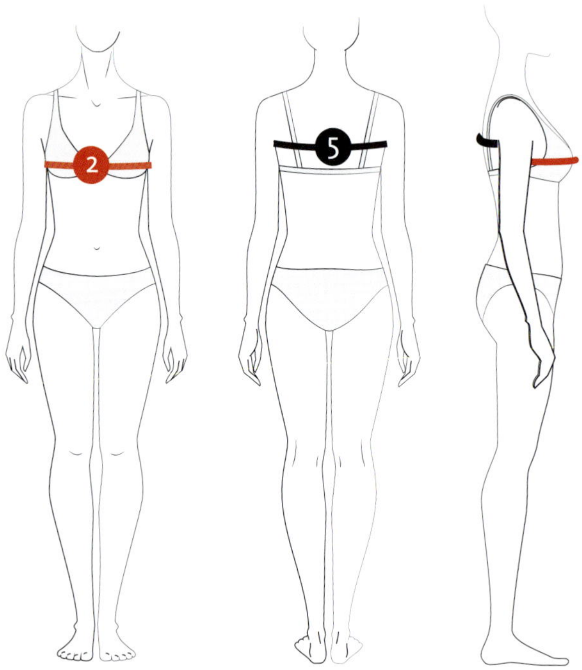

Tabelle FBA

Referenztabelle

Größe	Rückenbreite in cm	Brustbreite in cm
34	32	34
36	33	35,2
38	34	36,4
40	35,2	38
42	36,4	39,6
44	37,6	41,2
46	39,4	43,6
48	41,2	46

Die Größe nach der Rückenbreite wählen, Brustbreite messen und eintragen, Differenz und die Hälfte davon (= 1/2 Differenzbetrag) ausrechnen.

Wenn Sie eine kleinere Brustbreite als in der Tabelle haben, können Sie ein Small Bust Adjustment (SBA) vornehmen. Dies wird wie das Full Bust Adjustement (FBA) gemacht, nur wird der Minderbetrag übereinandergelegt. Bei einem FBA wird dagegen die benötige Mehrweite auseinandergezogen.

Für lockere Passformen kann man auch einfach den Brustabnäher weglegen (siehe Seite 35).

Tabelle für eigene Maße

eigene Rückenbreite	Rückenbreite in cm	Brustbreite in cm	eigene Brustbreite in cm	Differenz	1/2 Differenz
z.B. 33,5	*34*	*36,4*	*40*	*3,6*	*1,8*
	Referenzbreite				

Full Bust Adjustment // FBA

1. Den Brustpunkt auf allen Schnittteilen markieren.
2. Einen Brust- und einen Taillenabnäherschenkel einschneiden.
3. Taillennaht bis kurz vor der Seitennaht einschneiden.
4. Linie parallel zur vorderen Mitte zeichnen. Die vordere Mitte des unteren Vorderteils an dieser Linie anlegen.
5. Die oberen Teile so verschieben, dass am Brustpunkt der halbe Differenzbetrag als Mehrweite dazwischen gelegt werden kann. Die vordere Mitte wird an der in [4] gezeichneten Linie angelegt. In Taillenhöhe wird dabei ein kleiner Abstand entstehen. Den neuen Brustpunkt in der Mitte des Differenzbetrages markieren. Brust- und Taillenabnäher zum neuen Brustpunkt zeichnen.

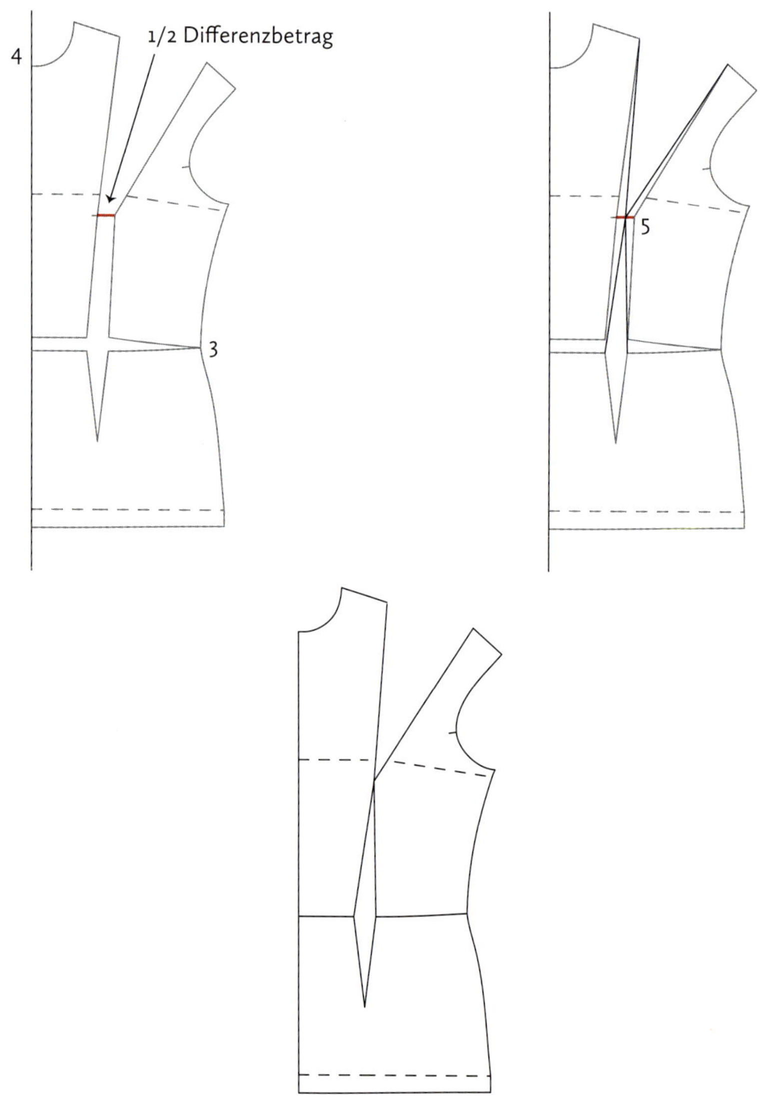

GS Bluse tailliert
Kragensteg
SO_S
tailliert
SO_S

株式会社 キイヤ
www.kiiya.co.jp
MADE IN JAPAN

Grundschnitt als Nesselmuster

Man näht ein Nesselmuster, um die generelle Passform zu überprüfen. Dazu müssen Sie nicht zwingend einen Baumwollnessel nehmen, es geht mit jedem stabileren Webstoff, z.B. mit einer alten Tischdecke oder einem Bettlaken.

In den Grundschnitten sind Brust- und vorderer Taillenabnäher bis zum Brustpunkt ausgezeichnet. Das ist für uns optimal für die weitere Schnittentwicklung, doch entspricht es nicht der natürlichen Brustform. Daher verkürzen wir für das Nesselmuster die beiden Abnäher um den Brustpunkt um 2 cm, um der gerundeten Form mehr gerecht zu werden.

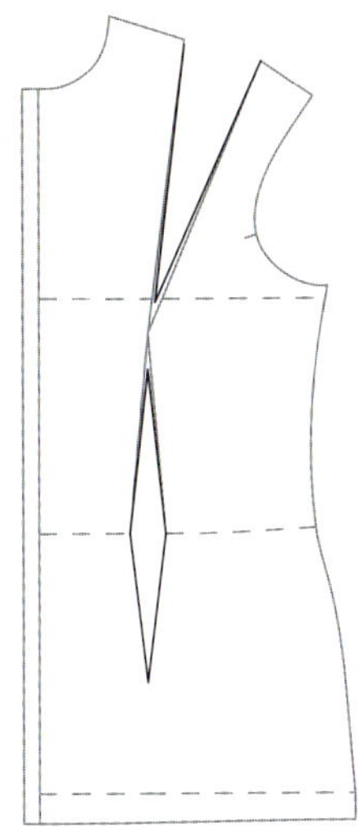

Bei einem Nesselgrundschnitt werden weder Säume genäht noch Nähte versäubert. Den Blusengrundschnitt näht man ohne Kragen, um die Passform des Halslochs zu überprüfen. Wir zeichnen an das Halsloch und den Saum daher keine Nahtzugaben, wie sonst die gewohnten 1 - 1,5 cm. Wie Sie das Abnäherdach für Brust- und Schulterabnäher zeichnen, wird auf Seite 42 detailliert beschrieben.

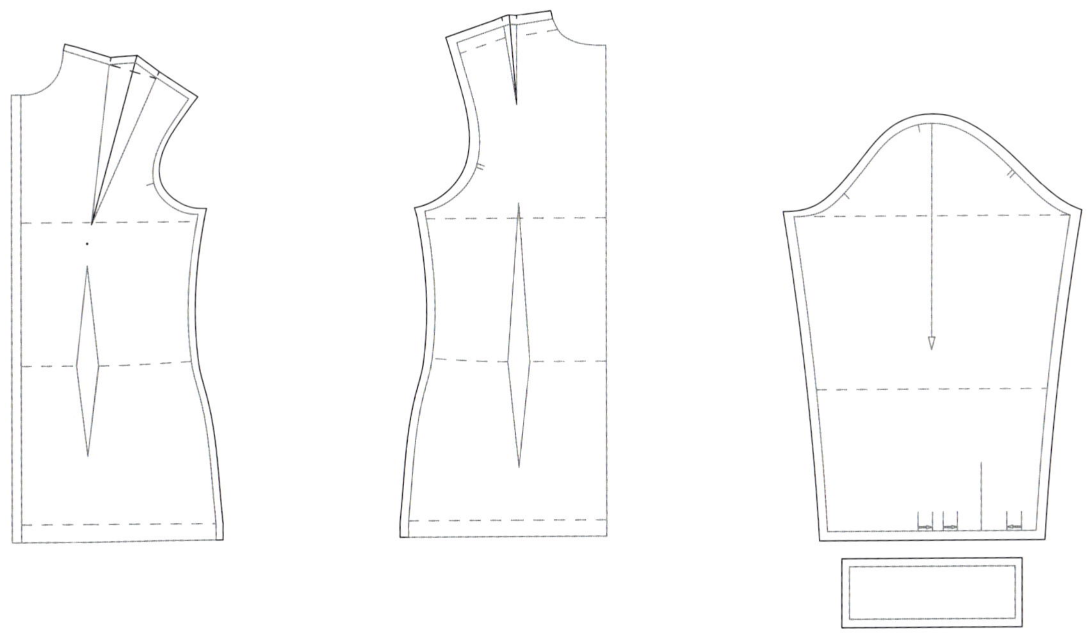

Auf die Nesselschnittteile alle Markierungen übernehmen: alle Abnäher, den Brustpunkt, die Brust-, Taillen- und Gesäßlinie übertragen. Das kann man entweder durchrädeln, heften oder mit Schneiderkreide zeichnen.

Grundschnitt als Nesselmuster

Nähen Sie den Grundschnitt, dabei werden Saumkanten unbearbeitet gelassen und die Nähte nicht versäubert. Nahtzugaben auseinanderbügeln.

1. Brustabnäher und Schulterabnäher schließen
2. Schulternähte schließen
3. Seitennähte schließen
4. Ärmelnähte schließen, Manschetten verstürzen
5. Ärmelschlitz verarbeiten oder nur einschneiden, Manschette an den Ärmel nähen
6. Ärmel einsetzen

Die Taillenabnäher bei der ersten Anprobe noch offen/ungenäht lassen. Für die Anprobe an der vorderen Kante die vorderen Mitten aufeinander stecken. Die Taillenabnäher wie angezeichnet abstecken.

Der Blusengrundschnitt ist mit einer Mehrweite von 10 cm konstruiert (Brustumfang, Taillenumfang, Gesäßumfang, Oberarmumfang) und sollte daher locker sitzen. Am besten probiert man den Grundschnitt erst mit der rechten Seite nach außen an. Um die Änderungen abzustecken, drehen Sie den Schnitt auf links und können so genauer die Änderungen abstecken lassen.

Die Passform von oben nach unten überprüfen:

- Halsloch: passt es so oder muss es vertieft/verbreitert werden?
- Stimmt die Schulterbreite?
- Stimmt das Armloch?
- Sitzt der Brustpunkt an der richtigen Stelle?
- Sind die Taillenabnäherinhalte richtig verteilt? Oder kann z.B. im Rückenteil der Abnäher größer sein (Hohlkreuz)?
- Sind die Taillen- und Gesäßlinie jeweils auf der richtigen Höhe?
- Passt die Ärmel- und Manschettenweite? Die Ärmellänge?

Lassen Sie sich beim Abstecken unbedingt helfen. Stecken Sie beide Seiten ab, nehmen Sie davon den Mittelwert und übertragen Sie alle Änderungen auf den Papierschnitt. Nehmen Sie sich dafür Zeit, der Grundschnitt ist Ihre Grundlage für alle weiteren Modellentwicklungen. Sie können diesen Grundschnitt auf Pappe aufziehen (= kleben), und die Markierungen einknipsen (= seitlich kleine Einschnitte) oder durchbohren. Auf Pappe gezogen, können Sie den Grundschnitt jederzeit schnell für die Modellentwicklungen abzeichnen.

MODELLENTWICKLUNG

MODELLENTWICKLUNG

Wenn der Grundschnitt steht, kann der Spaß losgehen: die Modellentwicklung. In diesem Kapitel wird schnitttechnisches Basiswissen vermittelt, auf das wir bei den einzelnen Modellen zurückgreifen. Sie müssen dieses Kapitel nicht durchackern, sondern können bei einem Verweis in den Modellen die jeweilige Technik nachschlagen.

Vom Grundschnitt zum Modellschnitt

Anhand einer Skizze/Idee erstellt man eine Konstruktionszeichnung. Zuerst kopiert man die Grundschnittkonstruktion. Das geht einfacher, wenn man den Grundschnitt auf Pappe aufgezogen hat, an den Abnäherendpunkten Löcher gebohrt und die Abnäherschenkel in den Kanten angeschnitten hat. Dann heißt es nur: geschwind um die Schablone zeichnen, Punkte übernehmen und die Abnähermarkierungen mit dem Lineal verbinden.

In die kopierte Grundschnittkonstruktion zeichnet man die geplanten Änderungen ein. Diese Konstruktionszeichnung wird nicht zerschnitten! Nie! Sie ist die Grundlage unserer Modellentwicklung.

Nun werden die einzelnen Schnittteile herauskopiert und die benötigten schnitttechnischen Abwandlungen vorgenommen. Wer sicher gehen möchte, kann an dieser Stelle noch ein Muster nähen (wie den Nessel-Grundschnitt) und den Schnitt überprüfen. Wenn alles passt, zeichnet man die Nahtzugaben für den endgültigen Schnitt ein.

TIPP

Bei eigenen Modellentwicklungen sind das oft mehrere Durchläufe (Schnitt abwandeln, Muster nähen, unzufrieden sein, Schnitt anpassen, Muster nähen usw.), also nicht verzagen, wenn man nicht auf den ersten Wurf ein Meisterwerk geschaffen hat. Bei den Modellen hier im Buch sehen Sie, wie die vorgeschlagenen Schnittanpassungen in Gr. 38 aussehen und können diese beruhigt nachbauen.

Beschriftungen

Eine gute Beschriftungsdisziplin beim Schnittmachen ersetzt fast die Nähanleitung.

Generell wird jedes Schnittteil wie folgt beschriftet:

- Modellname (z.B. K2 oder Sommerbluse)
- Schnittteilname (z.B. Vorderteil)
- Größe (z.B. Gr. 38)
- Zuschnitt (z.B. 1x im Stoffbruch, 2x gegengleich)
- Fadenlauf
- Orientierungen wie vordere und hintere Mitte, Ärmeleinsatzpunkte, Schulterpunkte
- Markierungen für Falten, Abnäher usw.

Markierungen

- einfach gelegte Falte
- Kellerfalte
- Quetschfalte
- Kräuselung
- Knöpfe
- Knopflöcher

Abkürzungen

VT	Vorderteil
BT	Brustpunkt
RT	Rückenteil
ÄE	Ärmeleinsatzpunkt
FDL	Fadenlauf
VM	vordere Mitte
HM	hintere Mitte
NZG	Nahtzugabe

Varianten für Abnäher

Im Grundschnitt haben wir Brust-, Schulter- und Taillenabnäher, die für eine Modellierung des Schnittes sorgen und einen besseren Sitz versprechen. Abnäher sind unsere Freunde! Sie sorgen dafür, dass es eine schmale Vorder- und Rückansicht sowie eine Seite gibt. Ohne Abnäher können wir Weite nur über die Seitennaht zugeben oder wegnehmen. Diese steht dann an der Seite gerne etwas ab und um den Bauch herum spannt es: Das Rundummaß stimmt, aber der Körper bräuchte den Stoff an einer anderen Stelle.

Wenn wir Abnäher nähen, werden sie um die Brust herum immer verkürzt genäht, damit wir eine rundere Form erreichen (keine Eistüte à la Gaultier). Wenn der Brustabnäher von der Seite kommt, kann man ihn um 2-4 cm verkürzen, der Taillenabnäher in Richtung Brust kann um 2 cm verkürzt werden. Bei den übrigen Abnähern benötigen wir keine Verkürzung. Bei allen Abnähern darauf achten, diese flach auszunähen, damit keine Nasen und Beulen entstehen.

Auch wenn wir keine Lust auf Abnäher in verschiedenen Modellen haben, können wir sie in den Schnitt mogeln, um die Passform zu erhalten: als Falten, Kräuselungen oder in Teilungsnähten.

TIPP

Wie man Falten- und Abnäherdächer zeichnet, wird auf Seite 42 besprochen.

Beispiel: Brustabnäher als Kräuselung

Statt des Abnähers die Kräuselmarkierung einzeichnen.

1. Im Vorderteil den Schulteranfangs- und endpunkt gerade verbinden.
2. Den Bereich festlegen, auf den eingehalten werden soll (z.B. auf 3 cm in der Schulternaht).
3. Im Vorderteil diese Strecke halbieren und rechts und links vom Abnäher abtragen = Anfangs- und Endmarkierung der Kräuselstrecke. Kräuselmarkierung einzeichnen.
4. Die restlichen Schulterstrecken ohne Kräuselung im Vorderteil ausmessen und auf das Rückenteil übertragen, a und b. In der Mitte ergibt sich dann die Strecke, auf die eingehalten wird.

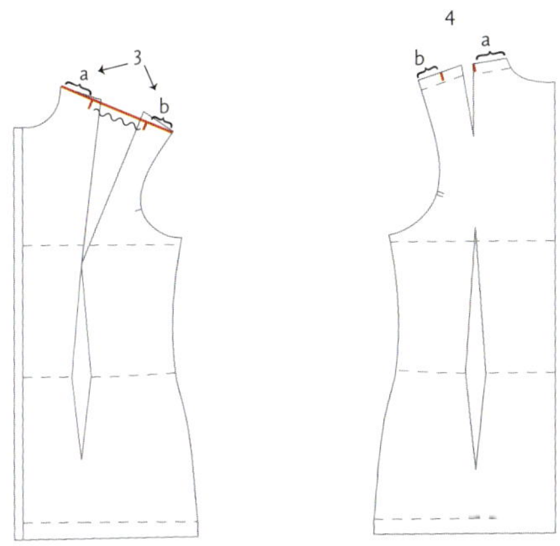

Wenn man z.B. auf die ganze Schulterstrecke die Kräuselung verteilen möchte, muss man weder einen Bereich festlegen noch auf dem Gegenstück anzeichnen, es genügt die Kräuselmarkierung.

Auf Seite 40 wird erklärt, wie man Abnäher geschickt in Teilungsnähten unterbringt.

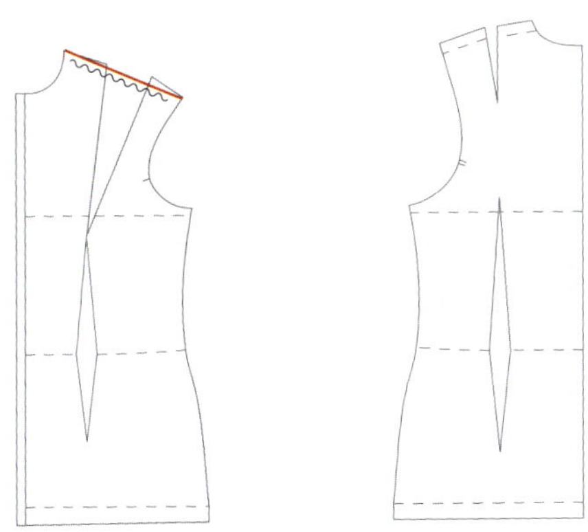

Beispiel: Taillenabnäher als Falte

Hier ändert sich im Schnitt nur die Markierung, sonst bleibt alles gleich. Bei der Markierung entscheidet man, ob es eine einfach gelegte Falte oder eine Keller-/Quetschfalte ist.

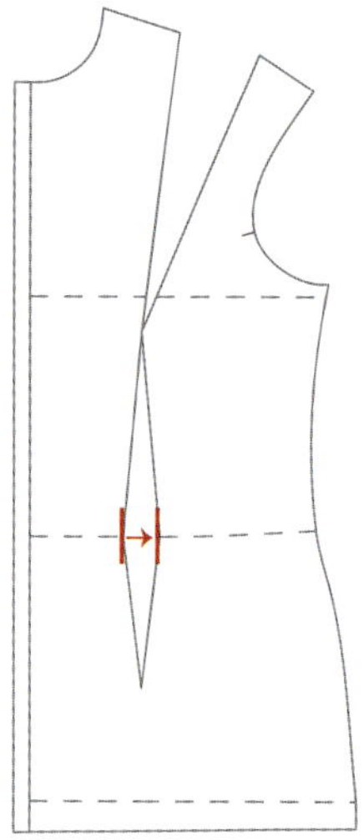

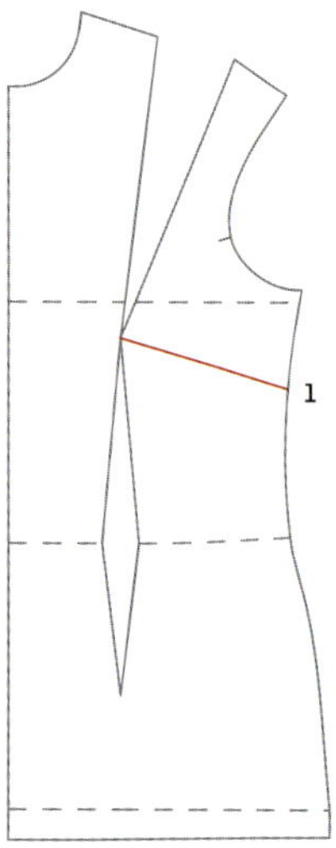

Brustabnäher verlegen

Die Position des Brustabnähers kann man sehr gut verlegen. Eine gängige Variante ist die Verlegung in die Seitennaht. In den Modellen werden wir noch andere Varianten durchspielen.

1. Linie von der Seitennaht zum Brustpunkt zeichnen, einschneiden.

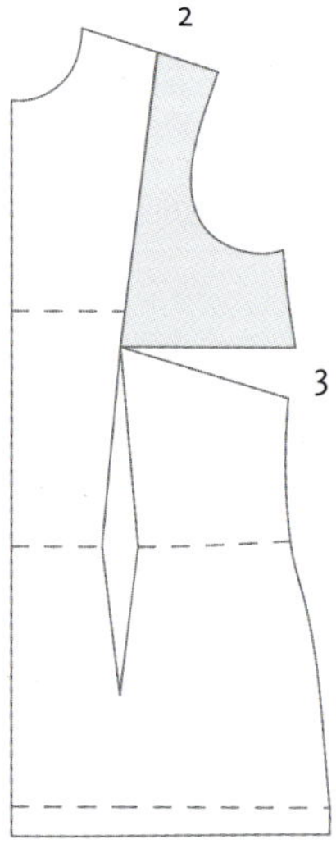

2. Einen Brustabnäherschenkel einschneiden, beide Abnäherschenkel aufeinanderlegen.
3. An der Seitennaht klafft der neue Brustabnäher auf. Papier unterlegen und befestigen.

Wenn man keine weiteren Änderungen vornimmt, wird vor dem Nähen der Brustabnäher um 2-4 cm verkürzt (siehe Seite 33).

Brustabnäher weglegen

Bei kleinen Brustgrößen oder einer losen Passform, kann man den Brustabnäher ganz weglegen. Zunächst verlegt man den Brustabnäher in die Seitennaht (siehe Seite 34), dann wird er eliminiert.

1. Brustabnäherlänge an der Seitennaht messen.
2. Den Saum und die Hüftlinie im Vorderteil um diesen Betrag parallel nach oben verlegen.

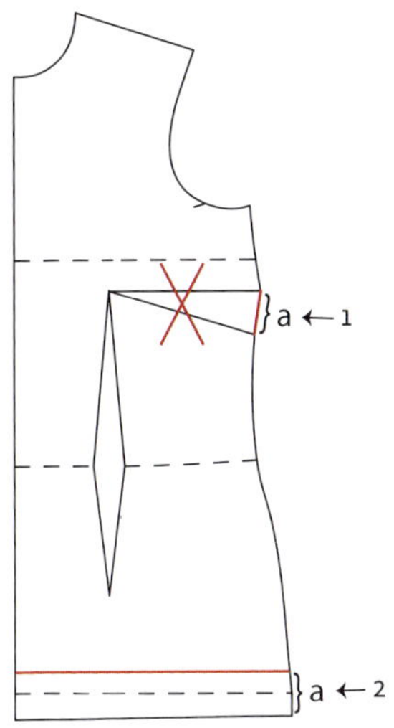

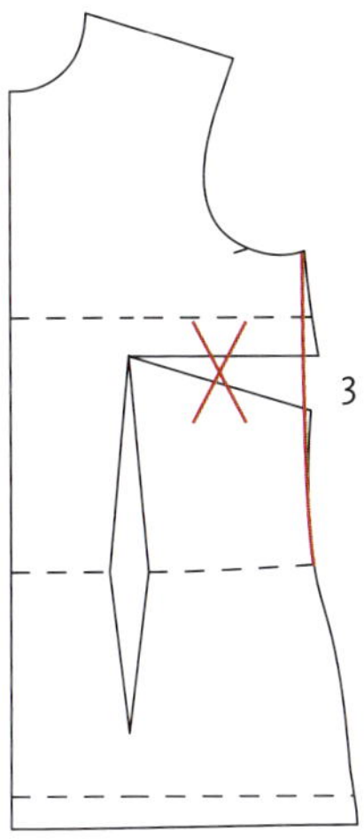

3. Abnäher streichen und Seitennaht neu auszeichnen.

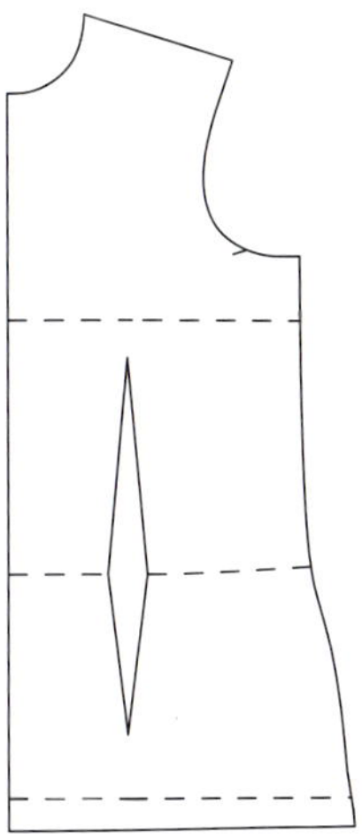

Schulterabnäher weglegen

Bei engen Oberteilen sorgt der Schulterabnäher im Rückenteil für genügend Platz und Bewegungsfreiheit der Schulterblätter. Oft wird der Schulterabnäher auch in der Passennaht untergebracht. Möchte man auf den Schulterabnäher verzichten, was bei lockeren Passformen sehr gut geht, kann man ihn weglegen. Beim Weglegen erhalten wir die Nahtlängen des Armlochs und der Schulter und müssen bei anderen Schnittteilen, wie Ärmel oder Vorderteil, keine weiteren Anpassungen vornehmen.

1. Linie vom Schulterabnäher ins Armloch zeichnen, Linie und Abnäher einschneiden.

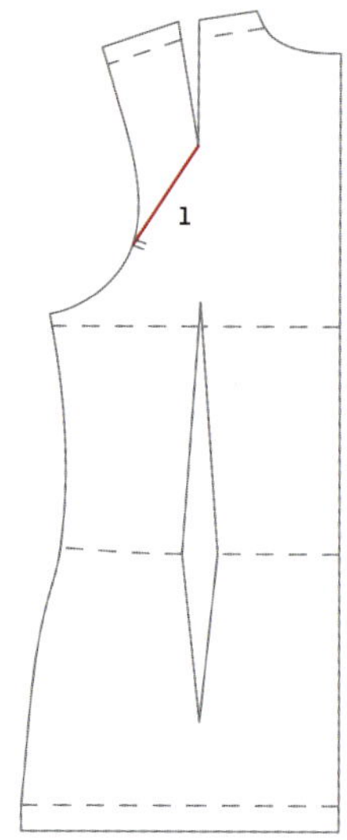

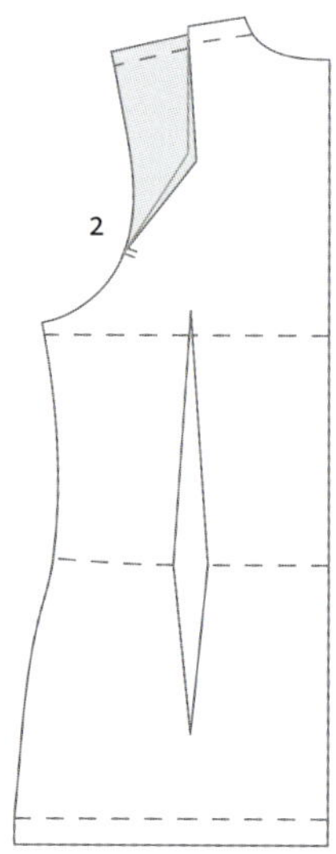

2. Schulterabnäherschenkel aufeinander schieben, am Armloch bleiben die Endpunkte aneinander.

3. Die Schulterendpunkte miteinander verbinden.

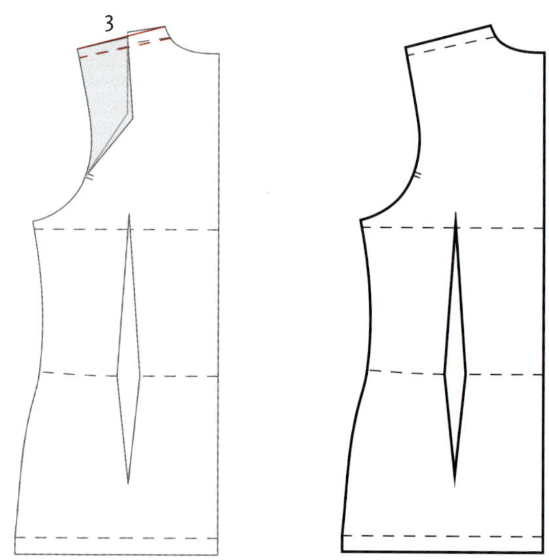

Taillenabnäher in die Seitennaht legen

Wenn man den Taillenabnäher funktional nutzen möchte – so dass er eine hübsche Figur macht und den Stoff schmeichelnd verteilt – lässt man ihn ungefähr da, wo er ist und näht ihn als Abnäher, Falte oder in einer Teilungsnaht (in der er auch gekräuselt werden kann). Möchte man ihn loswerden, kann man ihn in die Seitennaht legen.

1. Abnähertiefe messen (= halbe Abnäherbreite).
2. Abnähertiefe auf der Taillenlinie seitlich abtragen.

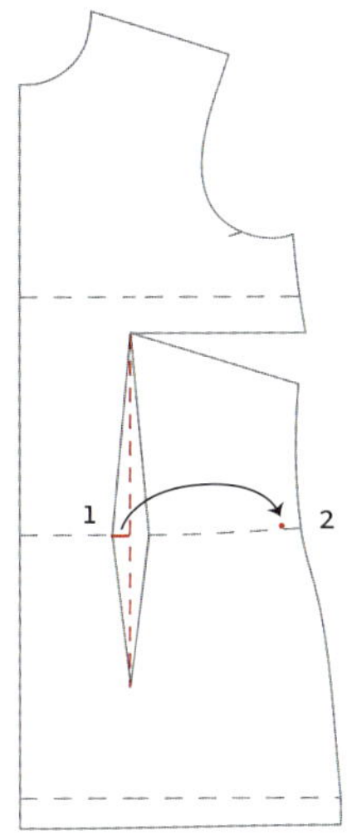

3. Seitennaht neu auszeichnen.

Wenn das gewünschte Modell sehr lose ist und keiner Taillierung bedarf, streicht man den Abnäher einfach. Das kann man bei dem Taillenabnäher machen, da er an keine andere Naht grenzt.

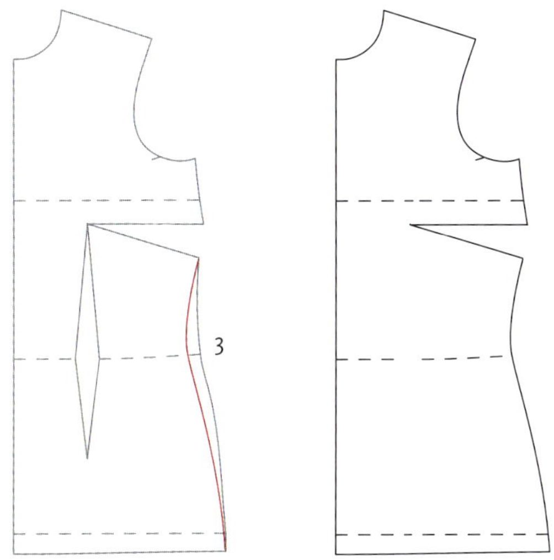

Weite zugeben

Es gibt verschiedene Möglichkeiten, einen Grundschnitt weiter zu machen:

- Die Taillenabnäher streichen. Sie werden dann weder gezeichnet noch genäht, die zusätzliche Weite ist nur im Taillenbereich.
- An der Seitennaht Weite zugeben. Im Schulterbereich und oberhalb der Brustlinie bleibt hier die Passform gleich, der Ärmel wird im Oberarmbereich weiter.
- Von unten bis zur Schulter einschneiden und Weite einlegen. Die Schulter wird weiter und evtl. überschnitten, die Ärmelweite bleibt erhalten, die Ärmellänge muss verringert werden.

Weite an der Seitennaht

1. Zugabe berechnen: Wenn man eine Rundherum-Mehrweite von 10 cm wünscht, würde man vorne und hinten jeweils die Hälfte zugeben (= 5 cm). Da wir mit halben Schnittteilen arbeiten, geben wir an jeder Seite 2,5 cm zu. Gleichzeitig vertiefen wir das Armloch um 1-2 cm, um ein bequemes Armloch zu erhalten.
2. An Vorderteil und Rückenteil an der Seitennaht 2,5 cm ausstellen und um 1 cm vertiefen. Das Armloch zum jeweiligen Ärmeleinsatzpunkt neu auszeichnen.
3. Am Ärmel verbreitern und vertiefen wir um die gleichen Beträge, damit der Ärmel wieder ins Armloch passt.

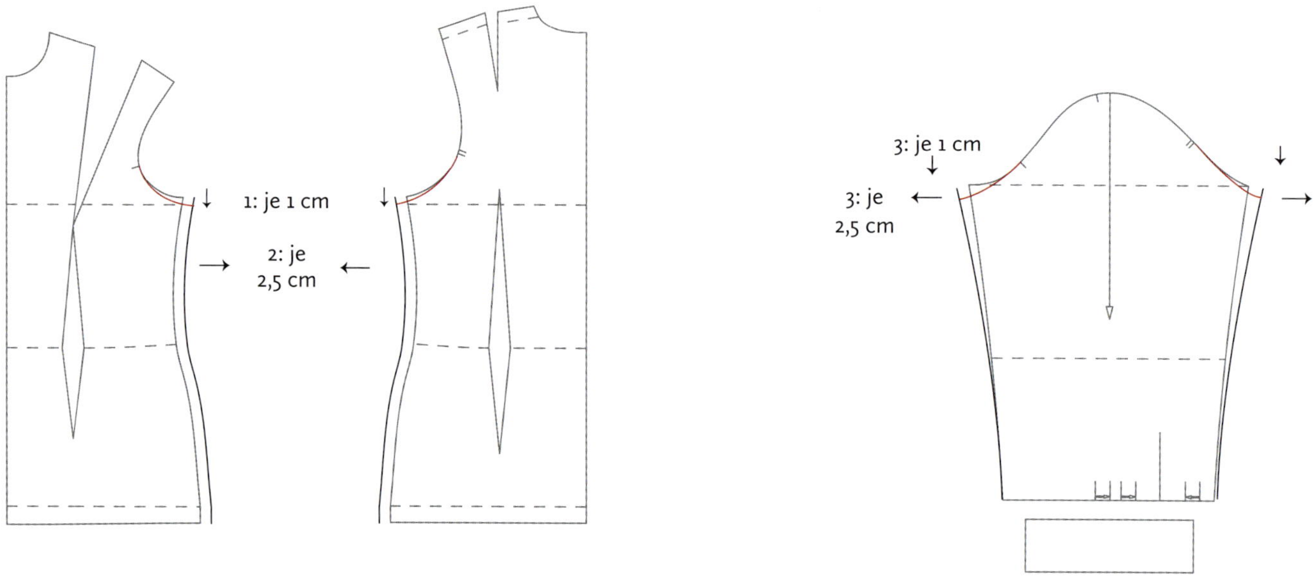

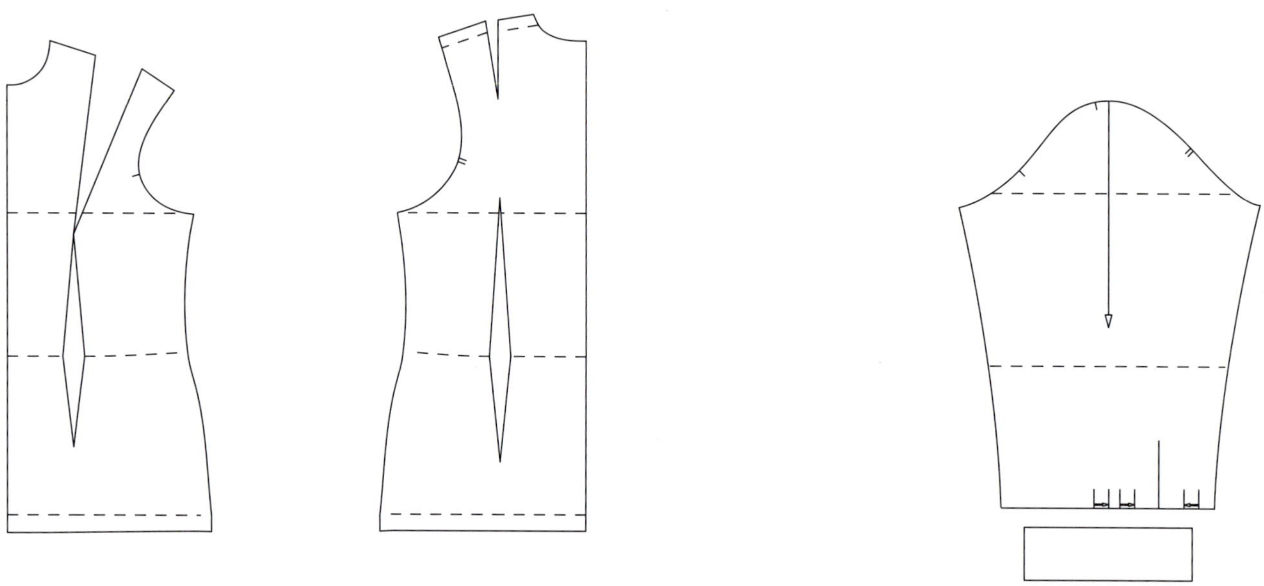

Weite über die ganze Länge

Bei dieser Erweiterung könnte man auch teilweise die Abnäher reinlegen oder rauskürzen (siehe Seite 36), das würde man aber in zwei Schritten vornehmen. Hier beschränken wir uns auf das bloße Einschneiden und Erweitern, die Abnäher bleiben erhalten.

1. Zugabe berechnen: Wenn man eine Rundherum-Mehrweite von 8 cm wünscht, würde man vorne und hinten jeweils die Hälfte zugeben (= 4 cm). Da wir mit halben Schnittteilen arbeiten, geben wir in jedem Teil Seite 2 cm zu. Gleichzeitig verkürzen wir die Ärmellänge um dieses Maß.
2. Im Vorder- und Rückenteil jeweils eine gerade Linie zeichnen, am besten zwischen Halsloch und Abnäher oder zwischen Abnäher und Schulterpunkt.

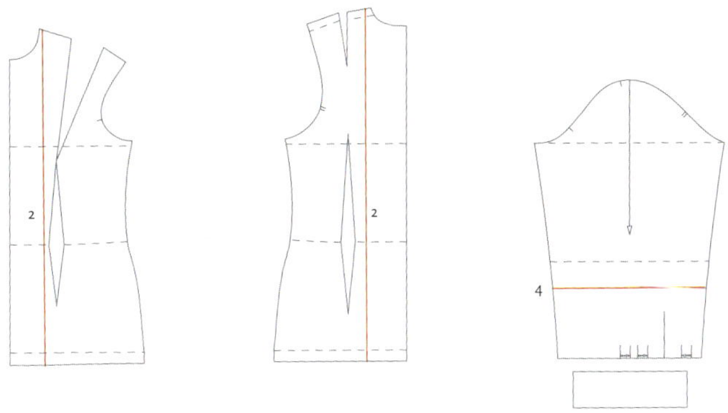

3. Diese Linien einschneiden und die errechnete Mehrweite, hier 2 cm, dazwischen legen.
4. Die Ärmellänge um diesen Betrag kürzen: Oberhalb des Ärmelschlitzes einschneiden und um den Mehrbetrag übereinanderlegen. So bleiben die Saumweite und Faltenmarkierungen erhalten, damit die Manschette weiterhin passt.

5. Die Saumkanten, Schulternähte und Ärmelnähte neu auszeichnen.

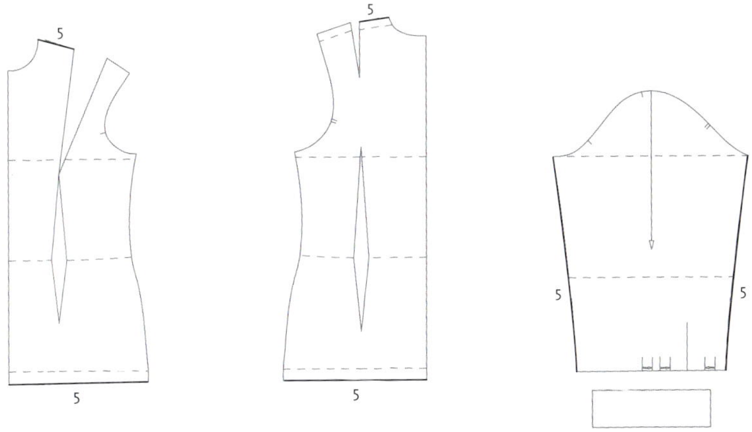

Teilungsnähte

Teilungsnähte kann man überall im Schnitt setzen: Dazu eine Linie an der gewünschten Stelle einzeichnen, einschneiden und an beiden Seiten Nahtzugaben zugeben (siehe S. 44). In Teilungsnähten kann man wunderbar die Abnäher unterbringen und eine raffinierte Schnittführung erreichen.

Abnäher in Teilungsnaht legen

1. Teilungsnaht einzeichnen. Dabei können Abnäher (Brustabnäher z.B. 1-2 cm) seitlich verlegt werden, die Höhe (Brustpunkt, Taillenlinie) muss aber jeweils erhalten bleiben.
2. Abnäher in/an die Teilungsnaht legen.

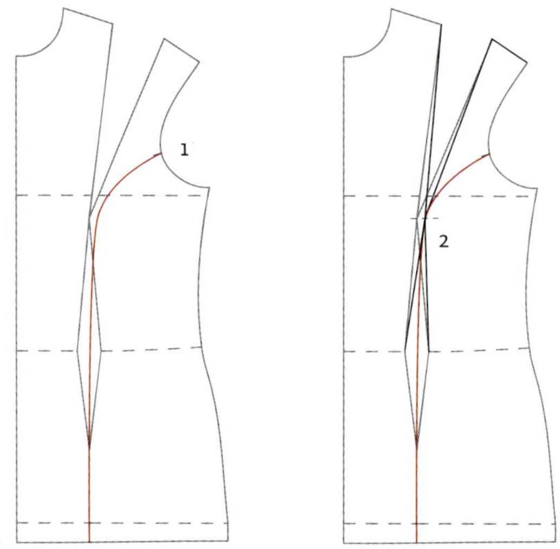

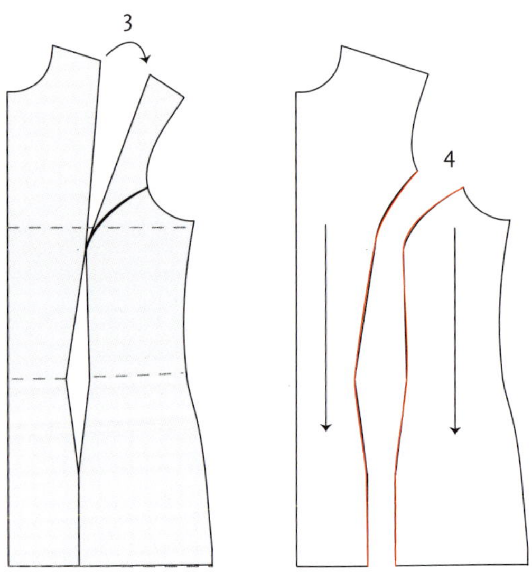

3. Einzelne Schnittteile herauskopieren und dabei Abnäher zulegen.
4. Ecken, die beim Abnäher zulegen entstanden sind, ausgleichen. Brustpunkt ausrunden und Fadenlauf einzeichnen.

TIPP

Je nachdem, wo die Teilungsnaht verlaufen soll, empfiehlt es sich manchmal den Brustabnäher erst zu verlegen, damit ein guter Verlauf der Teilungsnaht gezeichnet werden kann.

Volants und Rüschen

Bei Volants und Rüschen wird die Weite unterschiedlich zugegeben. Bei Rüschen wird die Weite an beiden Seiten zugegeben: an der Kante, die offen bleibt und der, die genäht wird, doch nur die Nahtkante wird gekräuselt angenäht. Beim Volant bleibt die ursprüngliche Länge der Nahtstrecke erhalten, die Mehrweite wird nur an der offenen Kante eingelegt.

Rüschen

1. Wieviel Mehrweite ein Stoff zum Rüschen verträgt, ist sehr unterschiedlich. Am besten man rüscht etwas Stoff auf 10 cm zusammen, zieht ihn auseinander und misst diese Strecke nach (z.B. 25 cm). Daraus kann man leicht den Kräuselfaktor errechnen (z.B. 25:10 = 2,5) und mit dem Faktor die Mehrweite der gewünschten Strecke errechnen.
2. Bei rechteckigen Stücken (wie Rüschen, die angenäht werden) kann man die Zugabe einfach auf einer Seite machen und das Teil vergrößern und Kräuselmarkierung setzen.

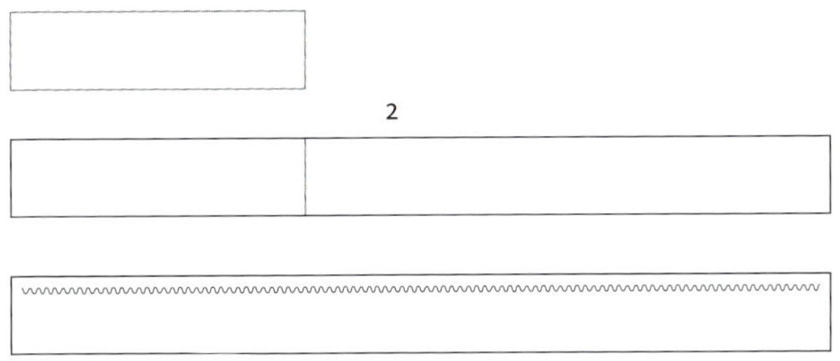

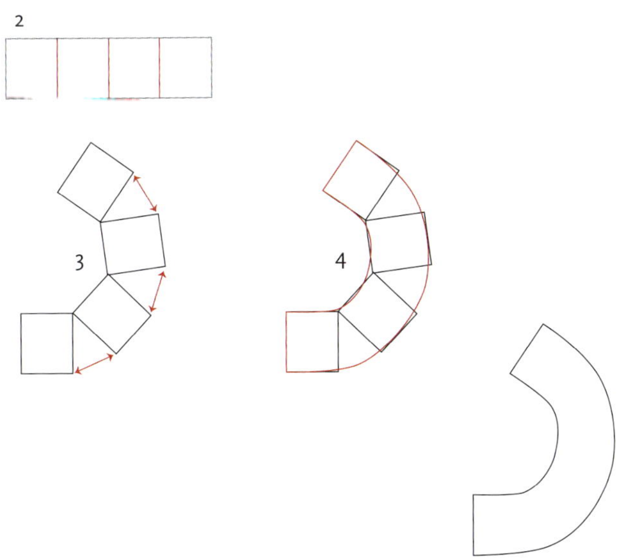

Volants

1. Mehrweite berechnen wie bei Rüschen.
2. Für die Mehrweite in Volants mehrere Einschneidelinien in gleichen Abständen setzen und einschneiden.
3. Mehrweite gleichmäßig auf die Einschnitte verteilen, dabei unten die Mehrweite eindrehen, an der Nahtkante bleiben die Teile zusammen.
4. Untere und obere Kante ausrunden.

Falten

Man kann Falten legen, um Abnäher unterzubringen (siehe Seite 33) oder um zusätzliche Mehrweite und Volumen in bestimmten Bereichen dazuzugeben. Statt Falten zu nähen, kann man diese Strecken auch ankräuseln, hier entfällt der Schritt mit der Faltendachbildung (3. - 5.): Man zeichnet die Strecken im Verlauf aus und setzt eine Kräuselmarkierung (siehe Seite 33).

Falten im Rückenteil am Halsausschnitt

1. Linie setzen, an der die Falte sein soll und einschneiden.
2. Festlegen, ob die Mehrweite im gesamten Teil sein soll (oben und unten) oder zur Naht/Kante auslaufen soll (wenn z.B. im Saum keine Mehrweite sein soll). Hier legen wir die Mehrweite in das gesamte Rückenteil.

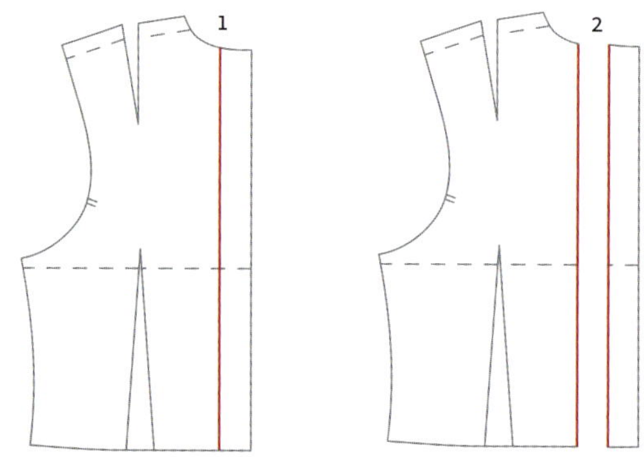

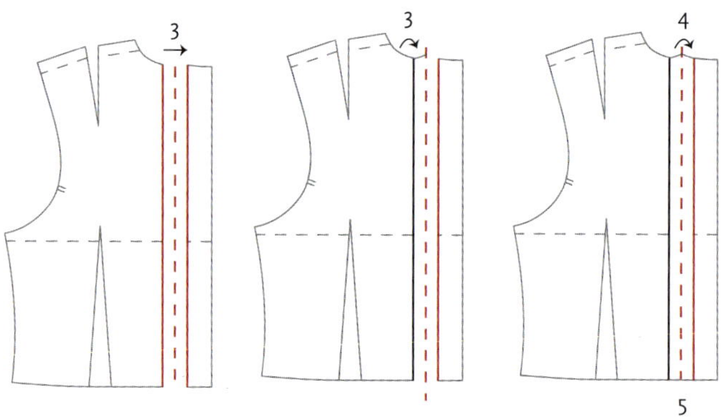

3. Richtung der Falte festlegen, Faltenmitte einzeichnen. An der Anfangsmarkierung der Falte die Halslochlinie Richtung Halslochmitte spiegeln.
4. Nun an der Faltenmitte die Halslochlinie zur zweiten Faltenmarkierung spiegeln.
5. Der Saum bildet eine gerade Linie. Hier würden beim Spiegeln fortlaufende gerade Linien entstehen, daher können wir den Saum gerade auszeichnen.

Bei einem Abnäher zeichnet man, analog zum Faltendach (3. - 5.), ein Abnäherdach.

TIPP

Man kann das Schnittteil grob mit deutlichem Rand zuschneiden, die Falte im Papierschnittteil so falten, wie sie dann genäht wird und die Kante zuschneiden. Damit ergibt sich automatisch das Faltendach.

Ärmellängen und Manschetten

Die gesamte Ärmellänge setzt sich aus dem Ärmel und der Manschette zusammen. Dabei ist im Schnitt noch 1 cm Schopplänge im Ärmel enthalten. Das heißt, wenn man einen weiten Ärmel macht, der voluminös über die Manschette fallen soll, kann man noch etwas Schopplänge dazugeben. Für Dreiviertel-Längen kann man sich an der Ellbogenlinie orientieren.

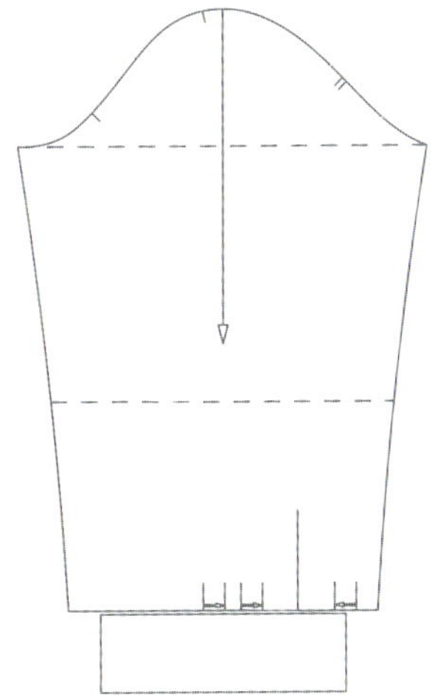

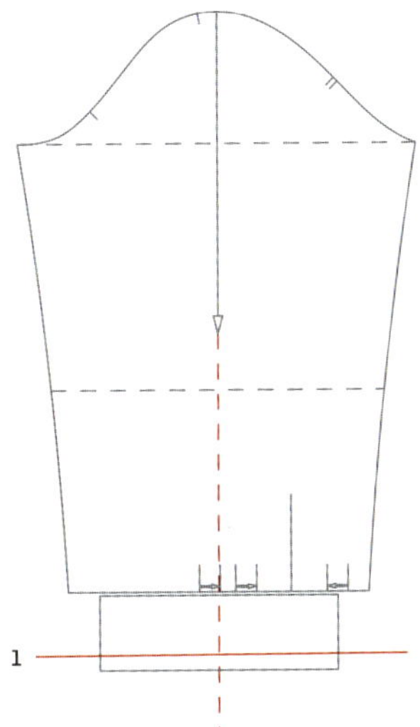

Ärmel ohne Manschette mit schmalem Ärmelsaum

1. Manschettenhöhe minus 1 cm Schopplänge an den Ärmel geben und die Fadenlauflinie verlängern. Sie ist gleichzeitig die Mitte des Ärmels.

2. Die Ärmelsaumweite nach Wunsch verkleinern oder vergrößern: Ärmelsaum ermitteln (darauf achten, dass der Ärmelsaum weit genug bleibt und die Hand mit durchpasst). Von der Ärmelmitte aus jeweils die halbe Ärmelsaumweite abtragen.
3. Ärmelsaumpunkte mit den Achselpunkten verbinden.

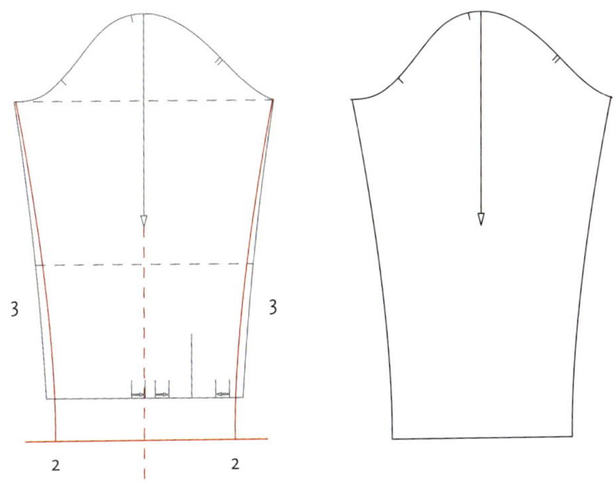

Naht- und Saumzugaben

Vor dem Zuschnitt gibt man bei Modellschnitten die Nahtzugaben dazu, standardmäßig können das für Nähte 1 cm sein und 2-4 cm für Säume.

1. Die Nahtzugaben werden parallel zur Nahtstrecke dazugegeben, am besten mit einem großen Geodreieck oder dem Patchworklineal.
2. Die Saumecken an schrägen Verläufen, z.B. bei einer ausgestellten Seitennaht, an der Nahtlinie spiegeln.

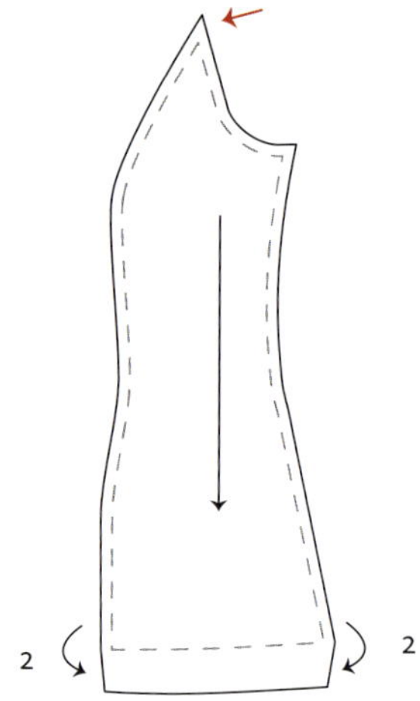

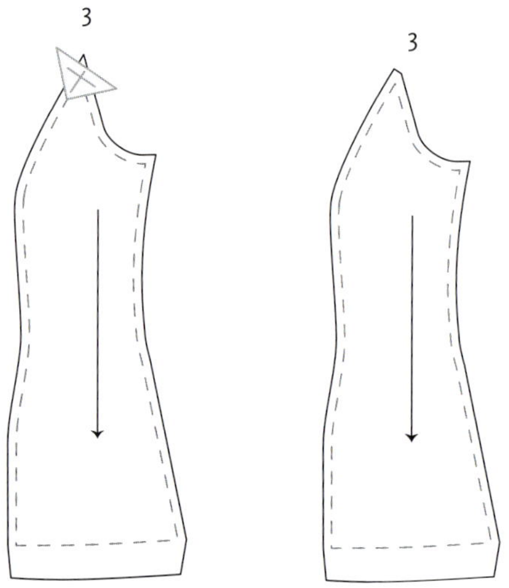

3. Bei spitzen Ecken wählt man als Basis die Nahtstrecke aus, die man zuerst nähen würde. Hier legt man das Geodreieck an: die Mittellinie auf die Nahtstrecke, das Ende der Nahtstrecke auf der 1 cm-Parallelen. Überschüssige Ecke wegzeichnen.

TIPP

Bei der Kragenverarbeitung wird gezeigt, wie man es sich mit der entsprechenden Nahtzugabe im Halslochbereich einfacher machen kann (siehe Seite 137).

Knöpfe und Knopflöcher

Am besten zeichnet man erst die Knöpfe ein und dann entsprechend auf der anderen Seite die Knopflöcher. Im Grundschnitt ist bereits ein Übertritt von 1,5 cm eingezeichnet. Ein Richtwert für einen Abstand zwischen Knöpfen in der vorderen Knopfleiste ist 8-9 cm; je enger der Schnitt, umso mehr Knöpfe. Damenblusen werden rechts über links geschlossen, die Knöpfe liegen damit auf dem linken vorderen Schnittteil (daran denken: wir schauen spiegelverkehrt drauf) und die Knopflöcher auf dem rechten Vorderteil.

Knöpfe und Knopflöcher

1. Knöpfe und Knopflöcher zeichnet man an der Stelle an, an der Unter- und Übertritt übereinandergelegt werden, z.B. an der vorderen Mitte beim Vorderteil oder bei den Manschetten 1 cm von der Kante entfernt. Hier beschreiben wir die Vorgehensweise bei einer Knopfleiste in der vorderen Mitte.
2. Die erste Knopfpostition setzt man im Vorderteil auf Brustpunkthöhe, das ist vor allem bei engeren Modellen wichtig. Im Grundschnitt ist diese Position bereits eingezeichnet.

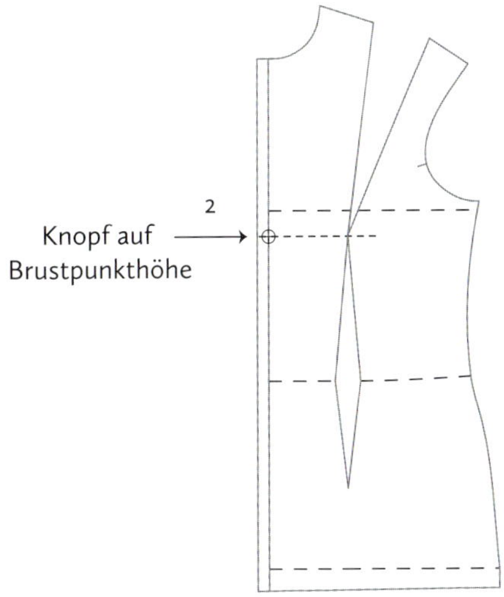

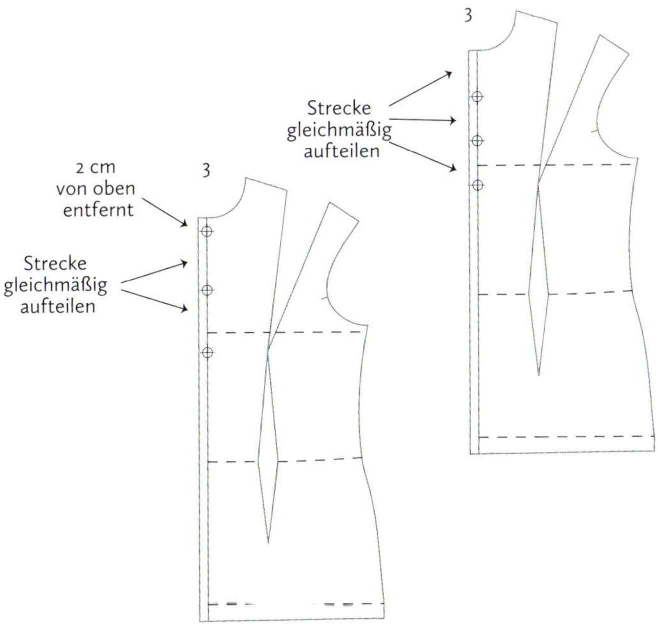

3. Für die nächsten Knopfpositionen messen wir die Strecke zum Halsloch aus.

Nun gibt es verschiedene Möglichkeiten:

- Der obere Knopf ist mindestens 2 cm vom Halsloch entfernt: Oberen Knopf einzeichnen, Strecke zwischen Brustpunkt und oberem Knopf ausmessen, gleichmäßig aufteilen und die weiteren Knopfpositionen setzen.
- Wenn z.B. ein Kragen das Halsloch schließt: Strecke zwischen Brustpunkt und oberer Kante ausmessen, gleichmäßig aufteilen und die Knopfpositionen setzen. Der oberste Knopf sitzt hier etwas weiter weg von der oberen Kante.

4. Nach unten hin die Knöpfe mit dem gleichen Abstand verteilen.
5. Die Knopflöcher gegengleich anzeichnen. Bei angeschnittenen Knopfleisten oder Knopfleisten, die nicht abgesteppt werden, zeichnet man die Knopflöcher quer zur vorderen Kante, ansonsten längs.

- Die quer liegenden Knopflöcher beginnen an der vorderen Mitte.
- Längs liegende Knopflöcher sind komplett auf der vorderen Mitte, der Mittelpunkt auf Knopfhöhe, außer das oberste Knopfloch, es liegt 2 cm von der Kante entfernt.

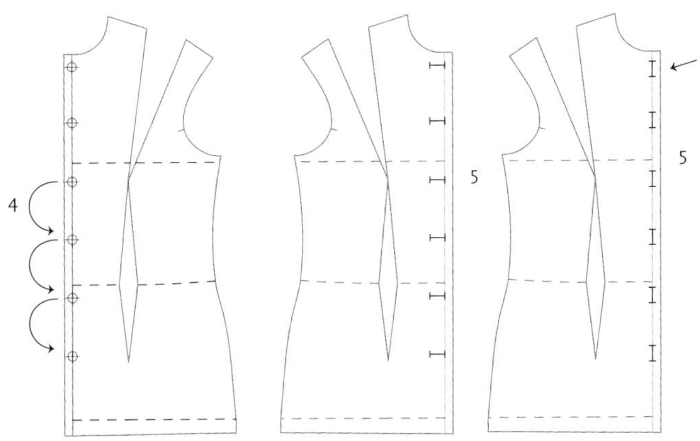

ÜBERSICHT BLUSENSHIRTS

Bluse mit Schildkrötenkragen und Laternenärmeln

Details:

Schildkrötenkragen
Abnäher im Halsausschnitt
Schlitz in der hinteren Mitte am Kragen
abgenähte Falte in der vorderen Mitte
seitliche Brustabnäher
Laternenärmeln

Seite 52

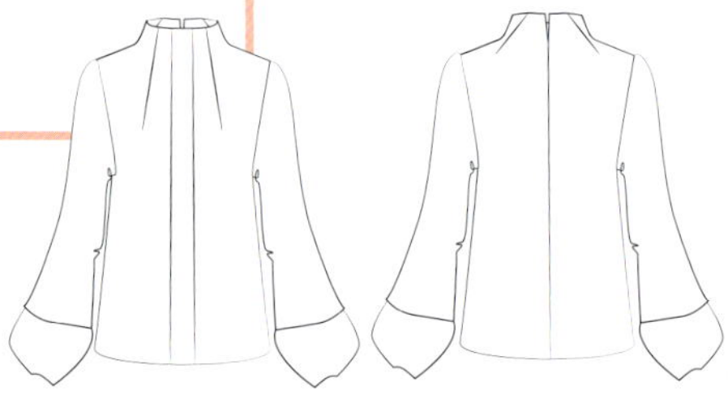

Bluse mit Bindeband und gedrehten Ärmeln

Details:

gelegte Falten am Halsausschnitt im Vorderteil
Naht in der vorderen Mitte und Schlitzöffnung
Bindebänder am Halsausschnitt
weite, gedrehte Ärmel

Seite 64

Bluse mit Wasserfallkragen, verdrehtem Saum und Manschettenknöpfen

Details:

Wasserfallkragen
verdrehter Saum im Vorderteil
doppelte Manschetten für Manschettenknöpfe
Falten im rückwertigen Halsloch

Seite 56

Tunika mit Durchziehschlupf und weiten Ärmeln

Details:

großer Schlupf zum Durchziehen
Kräuselung am Halsloch
Seitenschlitze
weite Ärmel

Seite 68

Bluse mit asymmetrischen Teilungsnähten und geteilten Ärmeln

Details:

asymmetrische Teilungsnähte
V-Ausschnitt mit Schlitz und Raffungen
Bindeverschluss mit Schrägbändern
Falten im hinteren Halsloch
überschnittene Schultern
gestufter Saum mit kleinen Schlitzen
Ärmel mit Teilungsnaht und Öffnung
Gummizug im Ärmelsaum

Seite 60

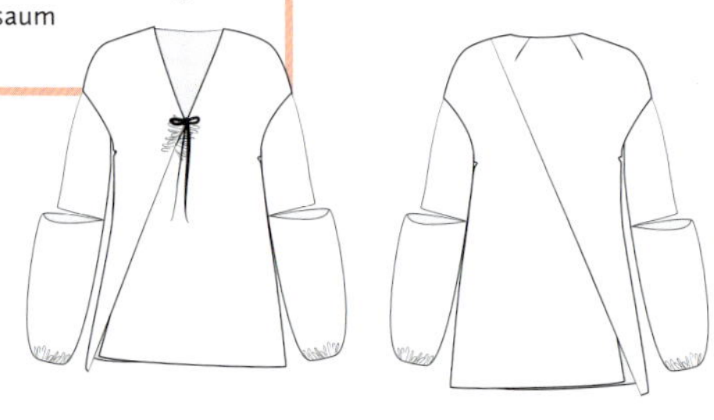

Kimonobluse mit Stehkragen und Tropfenausschnitt im Rücken

Details:

(fast) Zero Waste
angeschnittene Ärmel
angeschnittener Gürtel
Tropfenausschnitt in Kellerfalte im Rückenteil
Kräuselung im Vorderteil
hoher Stehkragen

Seite 72

Legere Bluse mit angeschnittenem Bindegürtel

Details:
überschnittene Schultern
angeschnittener Bindegürtel
Passe
Kellerfalte im Rückenteil

Seite 75

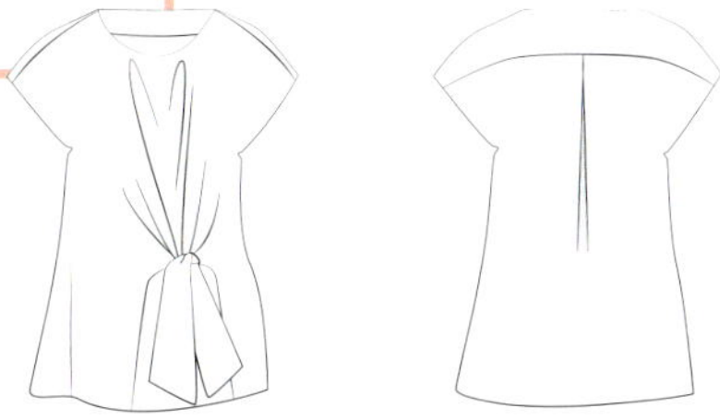

Rüschenbluse mit Puffärmeln

Details:
Rundhalsausschnitt mit Schlitzöffnung
Rüsche im Brustbereich
Brustabnäher unter der Rüsche
Puffärmel
Saumschlitze in der Seitennaht

Seite 84

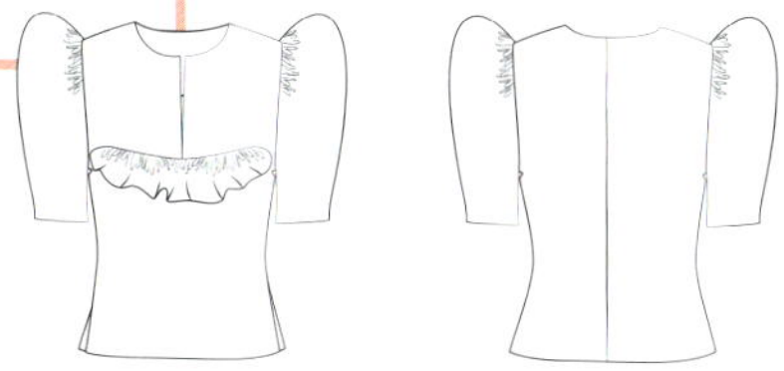

Ärmellose Bluse mit Drehfalte im Ausschnitt

Details:
Drehfalte im Ausschnitt
gekreuzte Rückenteile
ärmellos / mit Belegen

Seite 78

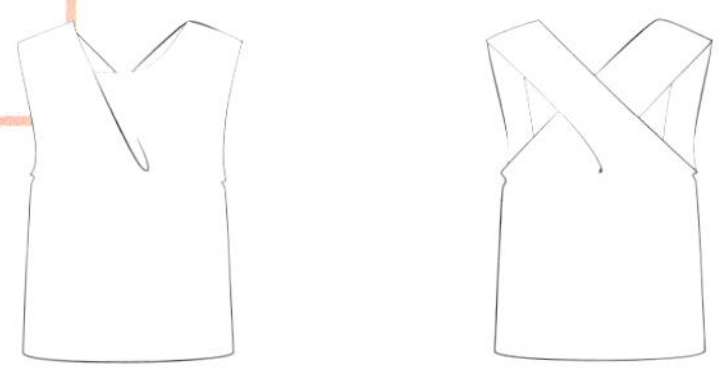

Dirndlbluse mit Schneewittchenkragen

Details:
Schneewittchenkragen
Raffungen in der vorderen Mitte
Unterbrust-Gummiband
Tulpenärmel mit gelegten Falten

Seite 87

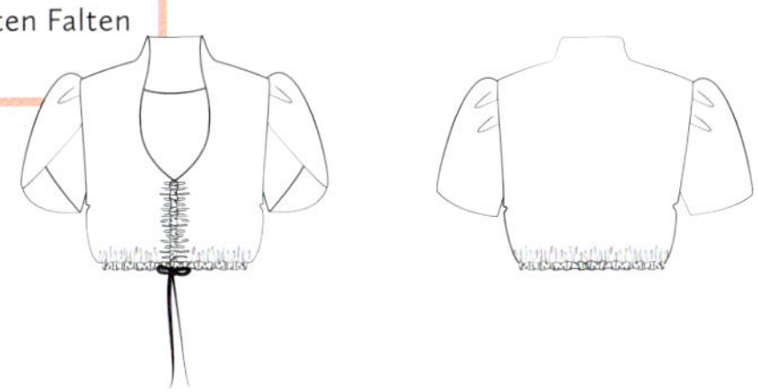

Wickelbluse mit Puffärmeln

Details:
Wickelung im Vorderteil
vorne und hinten Taillenabnäher
Puffärmel mit Falten und Aufschlag

Seite 81

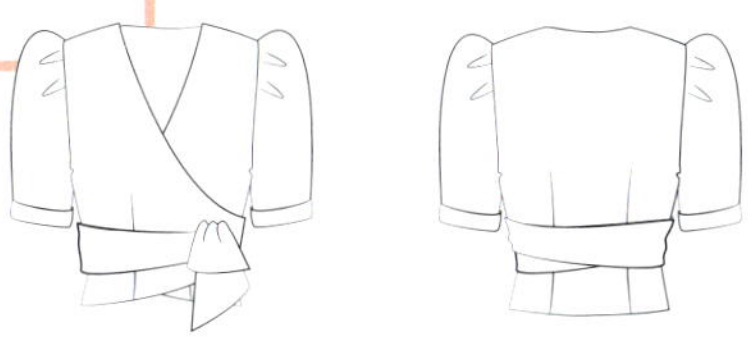

ÜBERSICHT RAGLANBLUSEN

Matrosenbluse mit verlegter Seitennaht
Details:
Flachkragen (Matrosenkragen) Kellerfalte im Rückenteil
Raglanärmel
Poloverschluss
vorverlegte Seitennaht mit Schlitz und Schlitzuntertritt
angeschnittene Manschetten mit Biese
Seite 91

Stufen-Tunika mit gerafftem Strehkragen
Details:
Raffungen am Halsloch und in den Ärmeln mit Gummibändern
gerüschte Stufe
Raglanärmel
Seite 96

Kurze Carmenbluse mit zweilagigen Glockenärmeln
Details:
vertiefte Ausschnittlinie
Raffungen am Halsloch im Vorder- und Rückenteil
breiter Gummizug in der Taille
Raglananlage
zweilagige Glockenärmel
Seite 100

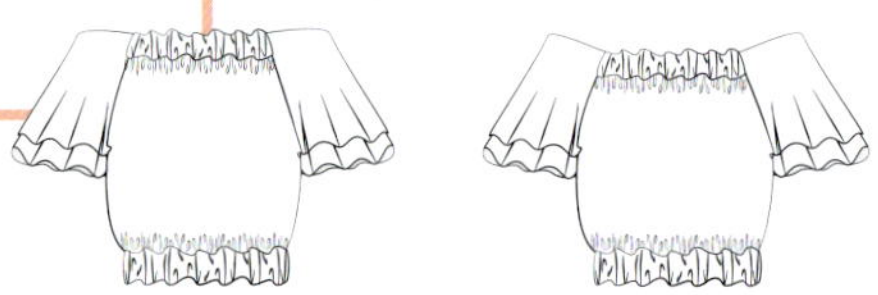

ÜBERSICHT KLASSISCHE BLUSEN

Bluse mit Prinzessnähten, einteiligem Kragen und angeschnittener Faltenmanschette

Details:
- Prinzessnähte (= englische) Nähte
- Schlitz in linker vorderer Teilungsnaht
- einteiliger Umlegekragen
- angeschnittene Knopfleiste mit Biese
- angeschnittene Ärmelmanschetten mit abgenähten Falten

Seite 106

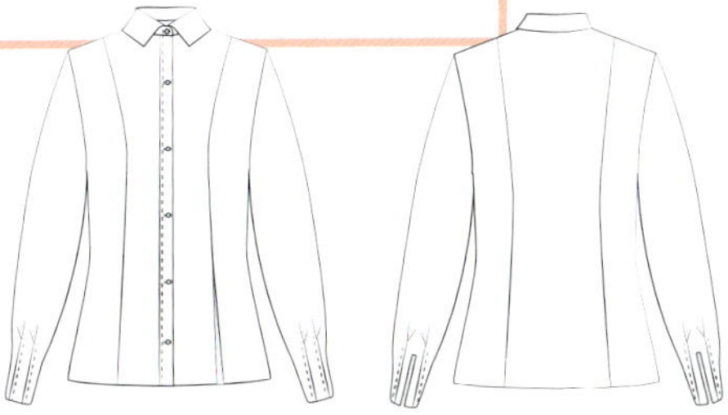

Hemdbluse mit Passe und aufgesetzter Tasche

Details:
- Passe mit verlegter Schulternaht
- angekräuselte Mehrweite im Rückenteil
- angekräuselte Brustabnäher in der Schulternaht
- aufgesetzte Tasche
- verdeckte Knopfleiste
- zweiteiliger Kragen
- klassischer Ärmelschlitz
- gerundeter Saum, hinten etwas länger als vorne

Seite 110

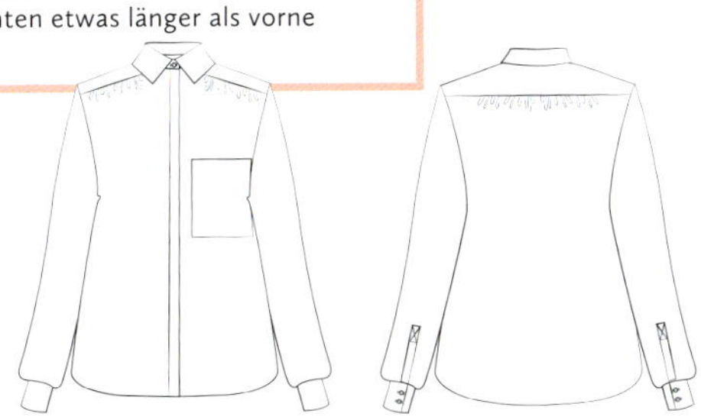

Bluse mit Spatenkragen, Ballonärmel und Wiener Nähten

Details:
- Wiener Nähte
- Spatenkragen mit Beleg
- Ärmel mit Ballonabtrennung
- hohe Ärmelmanschetten
- überstehender Ärmelsaum als Schlitz

Seite 114

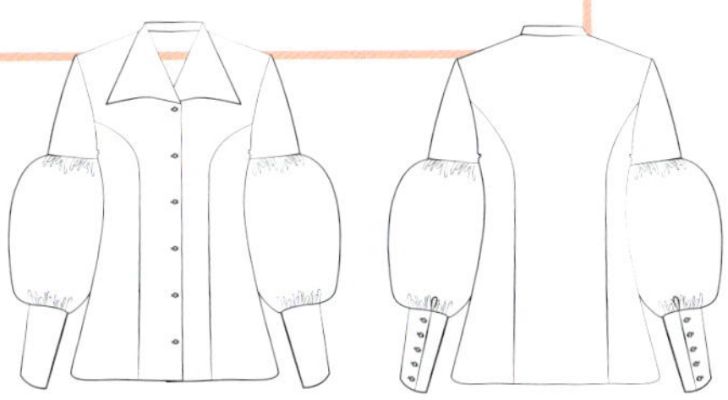

Hemdblusenkleid mit doppeltem Kragen, Passe und Gürtel

Details:
- unterschiedliche Vorderteile: schmal mit seitlichem Brustabnäher und ausgestellt
- Kellerfalte im Rückenteil
- mitgefasster Gürtel im Vorderteil
- angesetzte und angeschnittene Knopfleiste
- Dreiviertel-Ärmel mit schmaler Saumblende
- Nahttaschen
- doppelter Kragen

Seite 118

Bluse mit doppelter Passe, Kellerfalten und verlängertem Rückenteil

Details:
- gerundete Passe im Vorder- und Rückenteil
- Kellerfalten im Rückenteil, gelegte Falte im Vorderteil
- überschnittene Schultern
- übergroße Manschetten ohne Verschluss

Seite 123

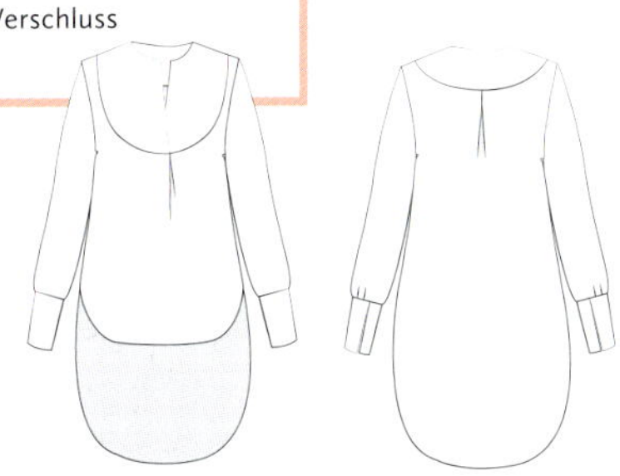

Bluse mit Stehkragen, Falte in der vorderen Mitte und großen Schlitzmanschetten

Details:
- seitliche Brustabnäher
- Stehkragen
- Falte in der vorderen Mitte
- Ärmel mit großer Schlitzmanschette
- Falten im Rückenteil am Halsloch
- Belege im Vorderteil und Rückenteil
- gerundeter Saum

Seite 126

SO GEHEN SIE VOR

Anhand von 20 verschiedenen Blusenmodellen erarbeiten wir unterschiedliche Details und Lösungen, die auch untereinander kombinierbar sind. Sie bekommen eine Fülle von schnitttechnischem Werkzeug an die Hand, mit der Sie eigene Ideen gelungen umsetzten können.

Die Modelle sind in Gr. 38 realisiert, an den Skizzen die Detaillösungen verdeutlicht. Bei jedem Modell wird ausgehend vom Grundschnitt erklärt, welche Schritte vorgenommen werden. Die Schnittteile, die dabei entstehen, werden am Ende jeder Modellentwicklung in ihrer finalen Form ohne Nahtzugaben dargestellt.

So gehen Sie vor

1. Wählen Sie ein Modell, das Sie auch nähtechnisch umsetzen können. So können Sie sich vorstellen, was Sie tun und wissen auch, wie Sie es verarbeiten werden.
2. Kopieren Sie den Grundschnitt mit allen Abnähern, Markierungen und Grundlinien (Brust, Taille und Gesäß). Das ist die Grundlage unserer Konstruktionszeichnung.
3. Geplante Modelländerungen in die Konstruktion einzeichnen. Immer daran denken, ob es Anschlussteile gibt, die man auch anpassen muss (z.B. Schulter verbreitern im Vorder- und Rückenteil). Gehen Sie am Anfang nach der angegebenen Reihenfolge vor. Alle Bemaßungen sind für Gr. 38 und dienen anderen Größen als Anhaltspunkt.
4. Entwickeln Sie die einzelnen Schnittteile aus Ihrer Konstruktionszeichnung, kopieren Sie die einzelnen Teile heraus, zur Weiterbearbeitung oder um das Schnittteil zu finalisieren. Zerschneiden Sie nie die Konstruktionszeichnung, auf diese muss man oft zurückgreifen.
5. Beschriften Sie Ihre Schnittteile und zeichnen Sie die Fadenläufe parallel zur vorderen, hinteren oder Ärmelmitte ein.
6. Als letzten Schritt fügen Sie an Ihre Schnittteile nur noch die gewünschten Naht- und Saumzugaben, sowie die Markierungen für Knöpfe und Knopflöcher (Seite 44/45) hinzu.

BLUSENSHIRTS

Blusenshirts sind lässig und können ohne klassische Kragen-, Manschetten- und Knopfleistenlösungen auskommen. Damit sind sie schneller zu nähen und schicke Hingucker. Bei jedem der Blusenmodelle spielt die letztendliche Stoffqualität eine große Rolle und kann das Aussehen entscheidend beeinflussen. Die meisten Modelle in diesem Kapitel sind aus leichter, hellblauer Baumwolle genäht, zum Vergleich sind einige Blusenshirts aus weißer Viskose gefertigt, die viel fließender fällt und sofort die Wirkung verändert.

BLUSENSHIRTS

Bluse mit Schildkrötenkragen und Laternenärmeln

Details:

Schildkrötenkragen
Abnäher im Halsausschnitt
Schlitz in der hinteren Mitte am Kragen
abgenähte Falte in der vorderen Mitte
seitliche Brustabnäher
Laternenärmeln

Vorder- und Rückenteil

- **A** Die Schulternaht im Vorder- und Rückenteil auf die originale Position verlegen: Im Rückenteil ist es die gestrichelte Linie (im Grundschnitt), im Vorderteil die Schulter parallel 1,5 cm nach oben verlegen.
- **B** Armloch vertiefen und Seitennaht nach außen verlegen.
- **C** Um das Halsloch gut zeichnen zu können, werden die Abnäher aus der Schulter verlegt: Den Brustabnäher in die Seitennaht (siehe Seite 34) und den Schulterabnäher in das Armloch legen. Das Vorderteil liegt an der vorderen Mitte im Stoffbruch.
- **D** Halsloch an der Schulter im Vorder- und Rückenteil verbreitern, in der vorderen und hinteren Mitte vertiefen.
- **E** Länge in der hinteren Mitte nach unten abtragen, rechtwinklige Linie Richtung Vorderteil zeichnen. Beide Seitennähte anpassen.

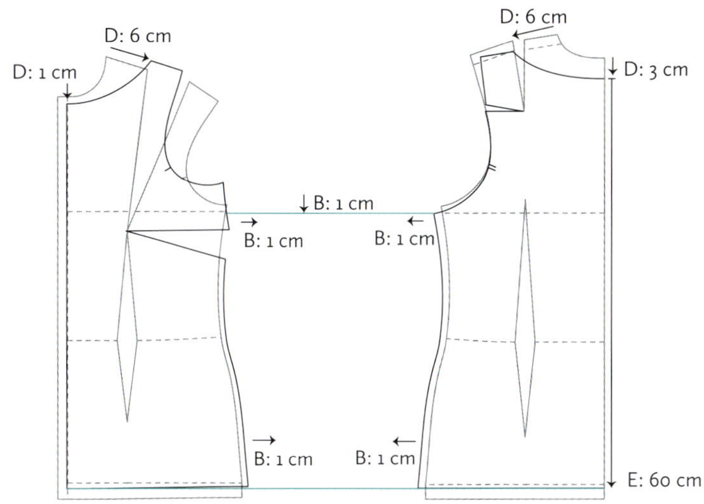

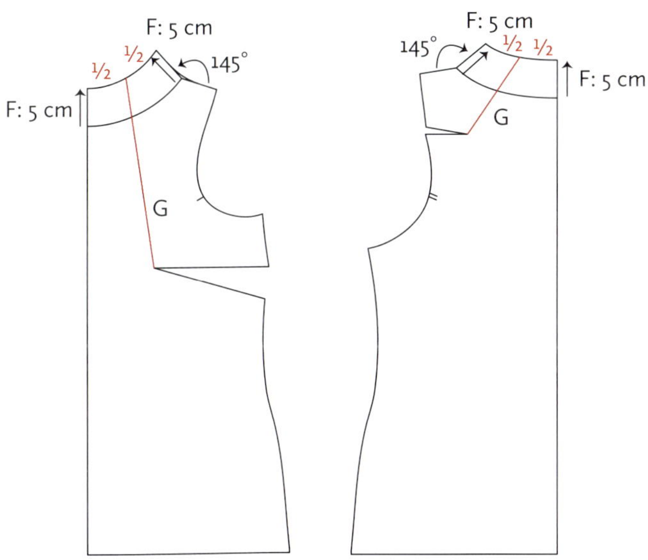

- **F** Kragen anzeichnen, Schulternaht ausrunden. Der Kragen wird angeschnitten an das Vorder- und Rückenteil, die Kragenteile dienen als Belege.
- **G** Einschneidelinie jeweils von den Kragenaußenkanten zu den Abnäherendpunkten zeichnen und einschneiden.

H Schulterabnäher und Brustabnäher in das Halsloch verlegen. Damit der Kragen am Hals nicht zu eng wird, die Abnäherschenkel ab der unteren Kragenlinie nach oben spiegeln. Brustabnäher verkürzen. An die Abnäher Faltendächer zeichnen (siehe Seite 42).

I Parallele in der vorderen Mitte für die abgenähte Quetschfalte zeichnen.

J In der hinteren Mitte im Kragenbereich einen Schlitz setzen.

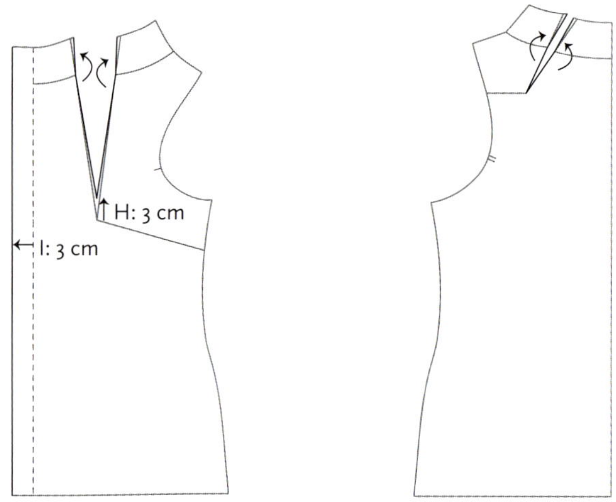

Fertige Schnittteile

Vorderteil

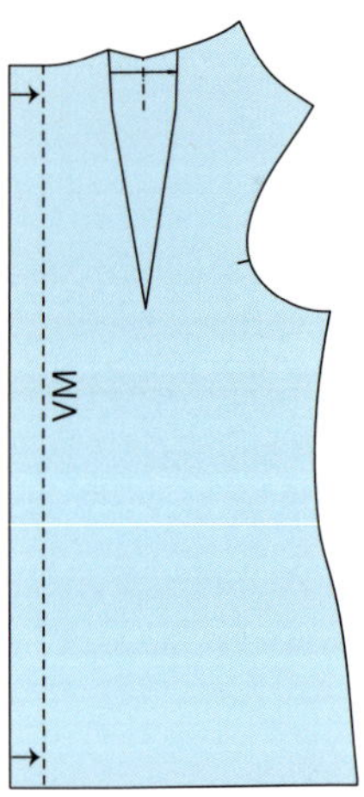

Rückenteil

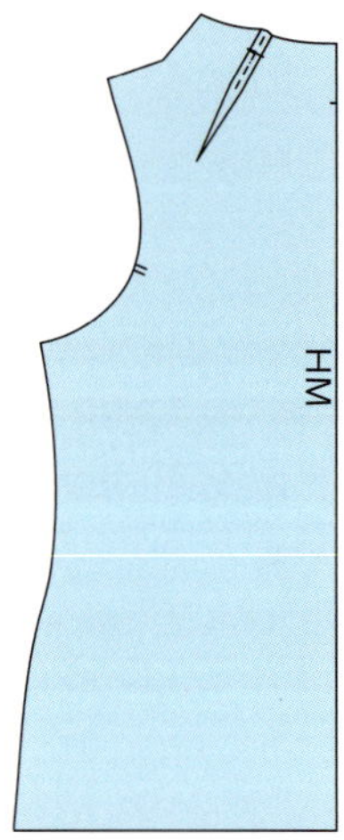

Beleg vorne

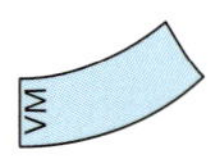

Beleg hinten

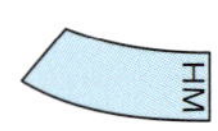

Ärmel

Armloch vertiefen. Armloch im Vorder- und Rückenteil ab den ÄE ausmessen und Strecken übertragen. Für den Ärmelsaum rechtwinklig nach unten gehen. Querteilungsnaht im Ärmel zeichnen. Drei Einschneidelinien von der Armkugel bis zum Saum zeichnen, aber noch nicht einschneiden.

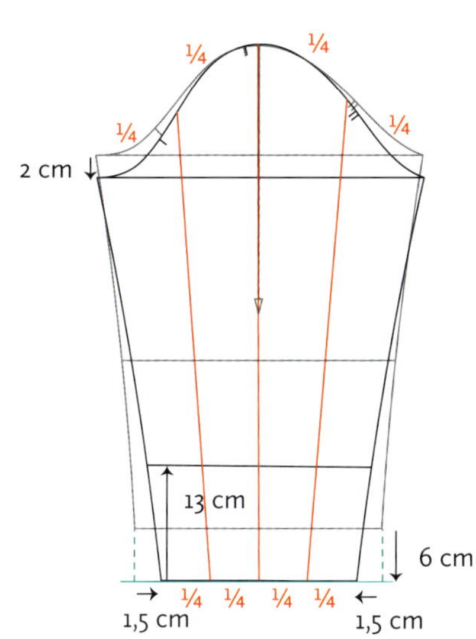

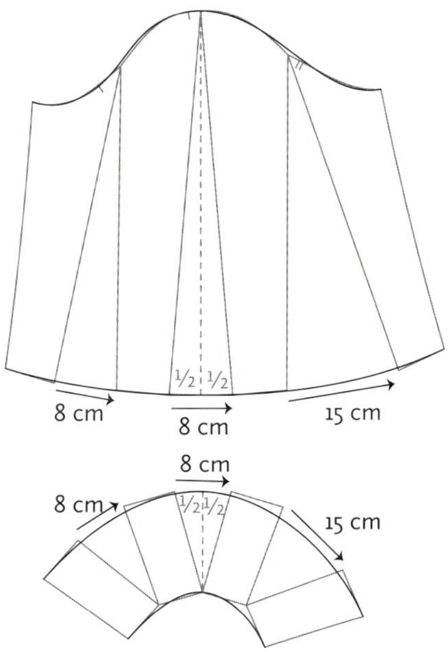

Ärmel erst an der Teilungsnaht durchschneiden und anschließend jeweils an den Einschneidelininen. Mehrweite einlegen, dabei bleiben die Armkugel und der Ärmelsaum erhalten. Diese Linien im schönen Verlauf auszeichnen. Linie für den Fadenlauf in der Hälfte der mittleren Mehrweite setzen. Markierungen jeweils an der Teilungsnaht in der Ärmelmitte und im Hinterärmel setzen, dann kann der untere Ärmelteil nicht verdreht angenäht werden.

Fertige Schnittteile

oberer Ärmel

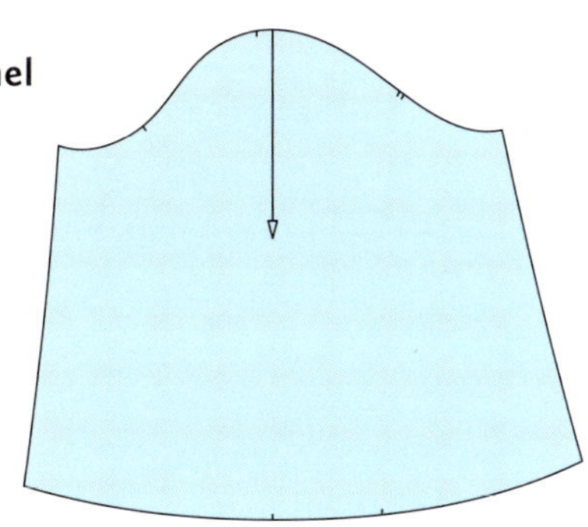

unterer Ärmel

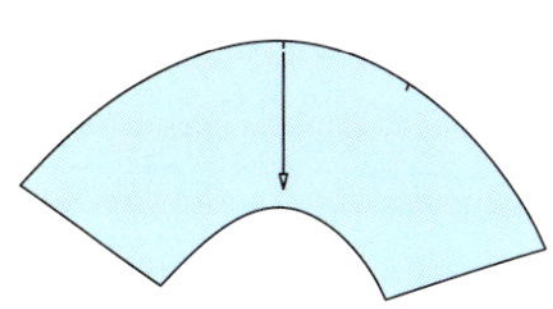

BLUSENSHIRTS

Bluse mit Wasserfallkragen, verdrehtem Saum und Manschettenknöpfen

Details:

Wasserfallkragen
verdrehter Saum im Vorderteil
doppelte breite Manschetten für Manschettenknöpfe
Falte im rückwertigen Halsloch

Vorder- und Rückenteil

A Halsloch an der Schulter im Vorder- und Rückenteil jeweils verbreitern und in der hinteren Mitte vertiefen.

B Länge in der hinteren Mitte nach unten abtragen, rechtwinklige Linie Richtung Vorderteil zeichnen. An der Seitennaht von dieser Linie 1 cm nach oben gehen. Saum gerundet zeichnen.

C Schulterabnäher weglegen (siehe Seite 36).

D Für die Falte im Rückenteil eine Parallele nach innen zeichnen als Einschneidelinie. Einschneiden.

E Vorderteil liegt an der vorderen Mitte im Stoffbruch. Für den Wasserfallausschnitt den Brustabnäher ins Halsloch verlegen, dazu eine Linie vom Halsloch zum Brustpunkt zeichnen.

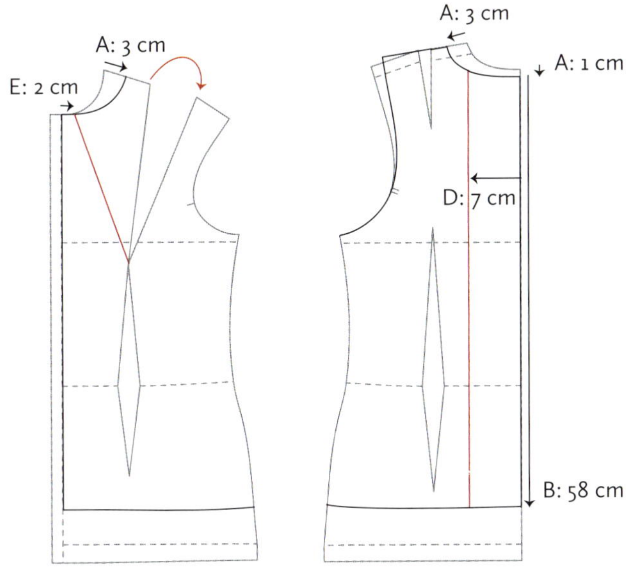

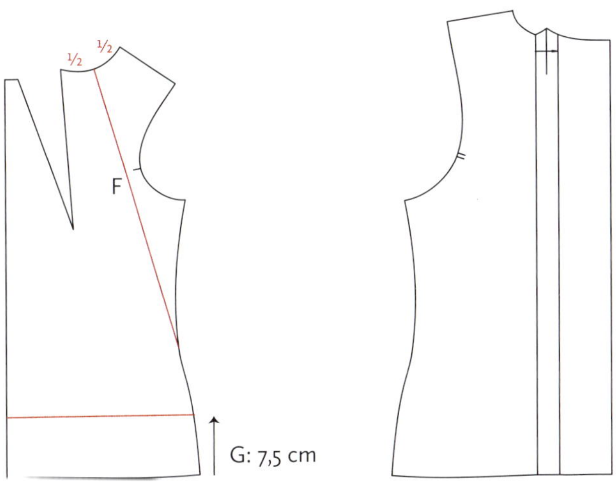

F Brustabnäher ins Halsloch verlegen, zweite Einschneidelinie zum Halsloch setzen und einschneiden.

G Parallele vom Saum im Vorderteil nach innen zeichnen = Einschneidelinie für die gedrehte Saumblende. Noch nicht einschneiden.

H Faltendach im hinteren Halsloch zeichnen (siehe Seite 42).

I Vorderteil an der zweiten Einschneidelinie aufdrehen und Mehrweite einlegen. Vom Schulterpunkt Linie im rechten Winkel zur vorderen Mitte ziehen (= Ausschnittlinie).

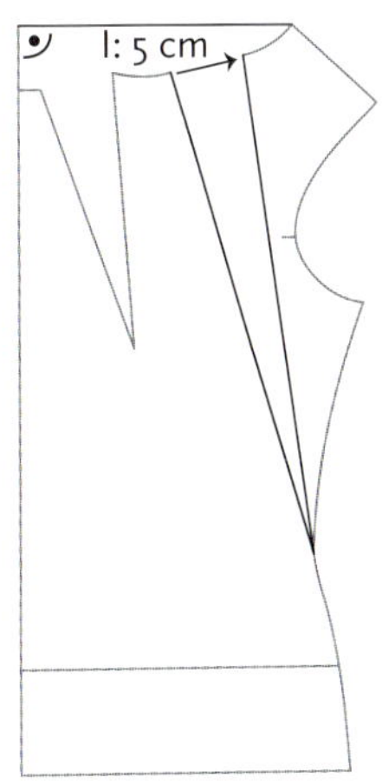

J Vorderteil spiegeln und Mehrweite im Saum in die vordere Mitte auf die höhere Saumweite legen: Die Mehrweite hat den Betrag, um den die Saumlinie parallel in G verlegt wurde, plus zweimal Nahtzugabe (hier 2x 1 cm). Saum ausrunden. Position festlegen, an der die Verdrehung sein soll. Einschneiden für Saumblende und an der Verdrehposition auseinanderschneiden.

K Ausschnittlinie gerade verbinden.

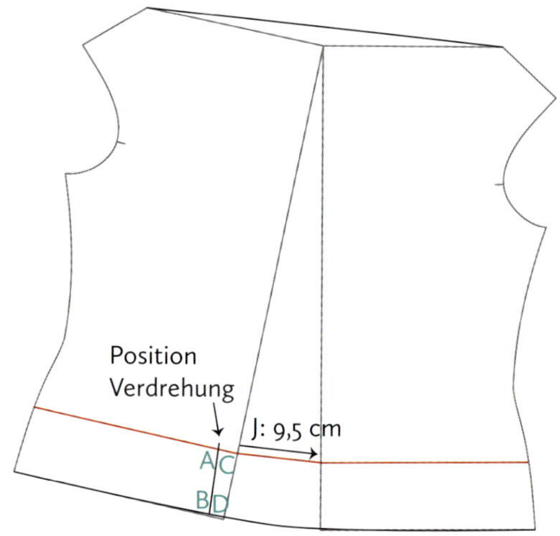

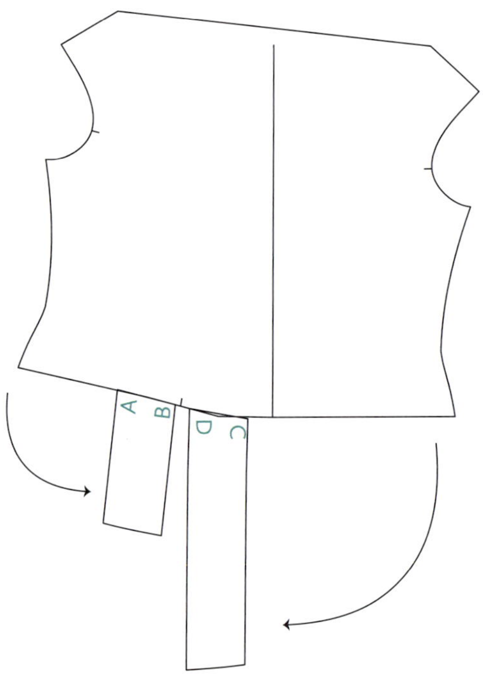

L Saumblenden aufdrehen und den Endpunkt an die Markierung am Saum ansetzen. 2 cm bleiben dazwischen für die Nahtzugabe frei. Naht an den Ecken leicht ausrunden.

Ärmel

Ärmelsaum geradestellen. Rechts und links vom Ärmelschlitz Markierungen setzen: bis hier wird die Manschette angenäht, dazwischen den Ärmelsaum einschlagen. Kräuselzeichen im Ärmelsaum setzen.

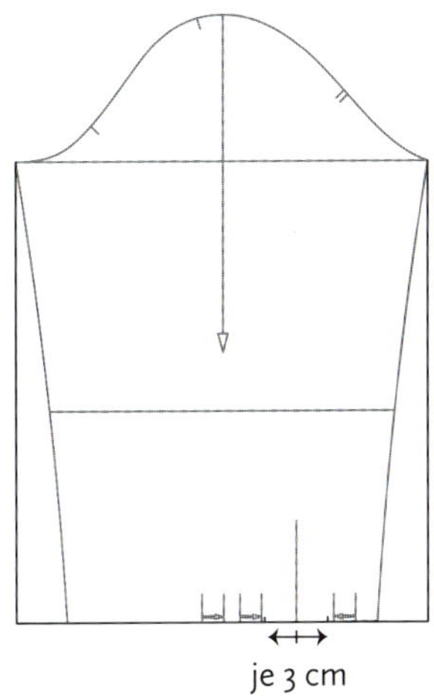

TIPP

Sie können auch die Ärmelschlitzstreifen des Grundschnitts verwenden. In diesem Falle kräuseln Sie bis zum Ärmelschlitzzeichen ein.

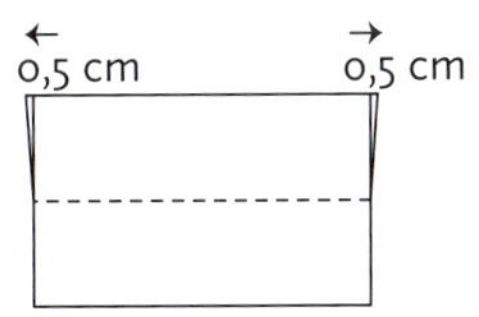

Die Manschette hat einen Umbruch, daher wird sie gespiegelt und es wird am äußeren Umschlag auslaufend bis zur Umbruchlinie eine kleine Mehrweite zugegeben.

Fertige Schnittteile

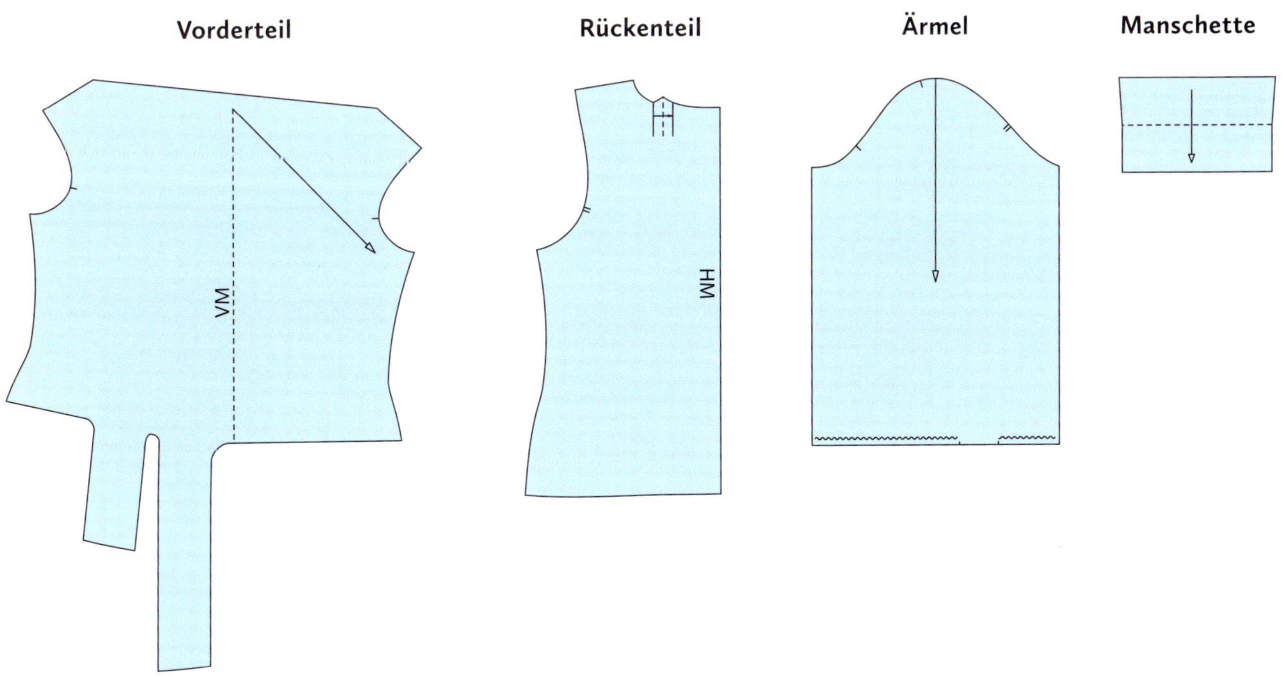

BLUSENSHIRTS

Bluse mit asymmetrischen Teilungsnähten und geteilten Ärmeln

Details:

asymmetrische Teilungsnähte
V-Ausschnitt mit Schlitz und Raffungen
Bindeverschluss mit Schrägbändern
Falten im hinteren Halsloch
überschnittene Schultern
gestufter Saum mit kleinen Schlitzen
Ärmel mit Teilungsnaht und Öffnung
Gummizug im Ärmelsaum

Vorder- und Rückenteil

A Armloch im Vorder- und Rückenteil vertiefen.

B Brustabnäher in die Seitennaht legen (siehe Seite 34). Länge in der hinteren Mitte nach unten abtragen.

C Halsloch an der Schulter im Vorder- und Rückenteil verbreitern und in der vorderen Mitte vertiefen. Im Vorderteil einen V-Ausschnitt zeichnen. Vorder- und Rückenteil-Halsoch ausmessen und Maß notieren.

D Schulter im Vorder- und Rückenteil verbreitern und Armloch neu auszeichnen.

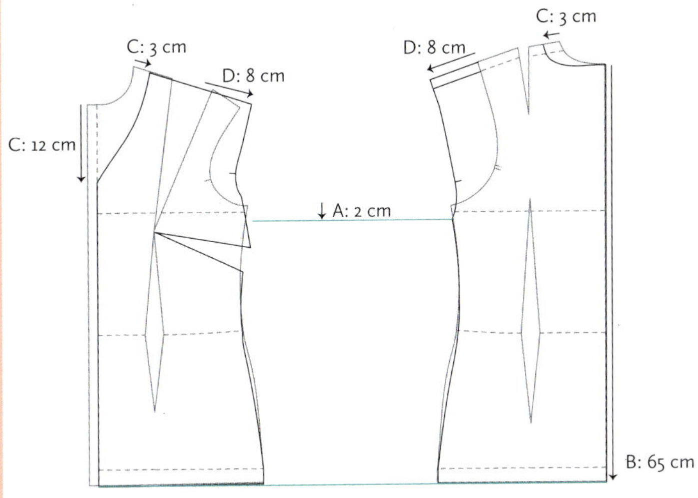

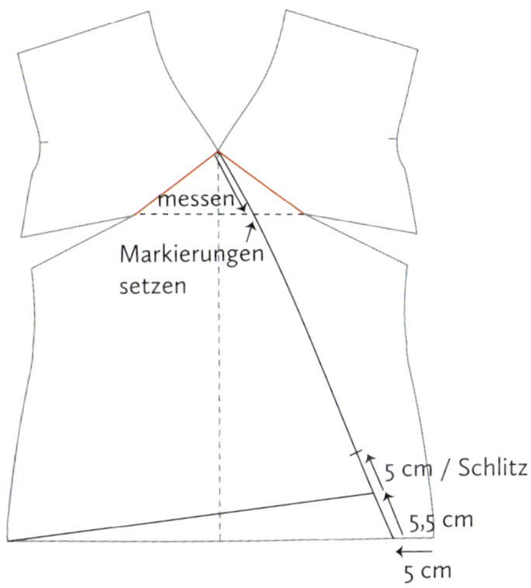

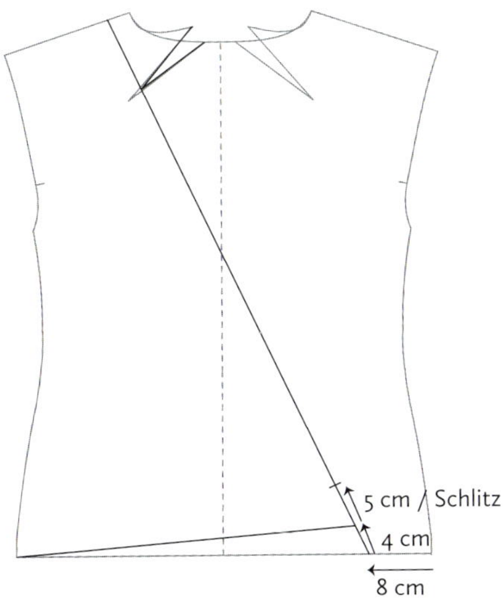

E Im Rückenteil den Schulterabnäher ins Halsloch legen.

F Vorder- und Rückenteil spiegeln.

G Teilungsnähte im Vorder- und Rückenteil einzeichnen. Im Saum die Schlitzmarkierungen setzen.

H Brustpunkte verbinden und auf dieser Höhe Markierungen im rechten und linken Vorderteil setzen. Vom Ausschnitt bis zur Markierung messen und Maß notieren.

I Einschneidelininen von den Brustpunkten bis zum V-Ausschnitt setzen und einschneiden.

J Auf der linken Seite im Rückenteil Abnäher bis zur Teilungsnaht verkürzen. Faltendächer zeichnen (siehe Seite 42).

K Brustabnäher in die Teilungsnaht drehen. Linie ausrunden und Kräuselmarkierungen setzen.

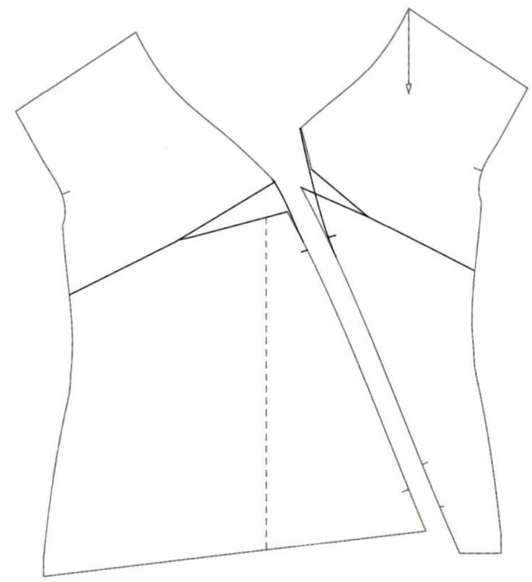

Schrägband für Halsausschnitt
Die Länge des Schrägbandes errechnet sich aus dem Maß für das Halsloch und dem Abstand in der vorderen Mitte. Zum Binden je Seite zusätzlich mindestens 40 cm Schrägband rechnen. Die Raffungen am Rückenteil-Halsloch auf das notierte Maß anpassen, ebenso für die vordere Mitte.

Fertige Schnittteile

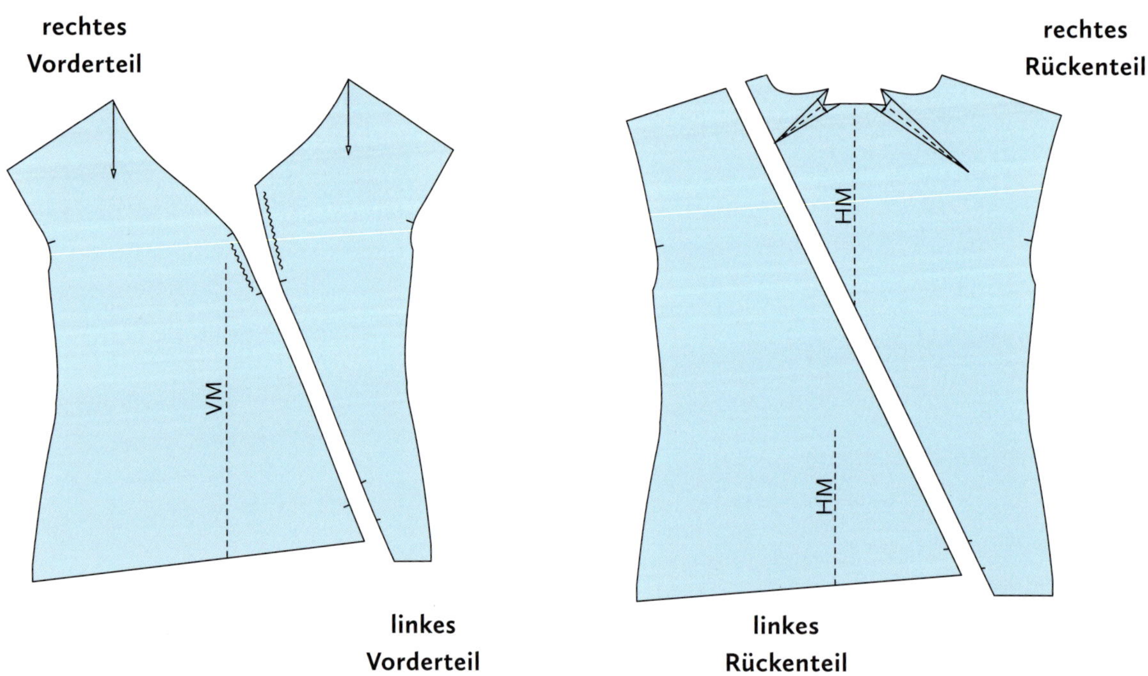

Ärmel

Armloch vertiefen, Ärmel auf diese Linien verkürzen. Den Schulterpunkt rechtwinklig auf die vertieften Linien legen. Armloch im Vorder- und Rückenteil ausmessen und Strecken vom neuen Schulterpunkt aus übertragen, wenn nötig, verbreitern und die Ärmeleinsatzzeichen verändern.

Den Ärmel an der Ellbogenlinie teilen, Markierungen für die Öffnung von der Ärmelmitte abtragen.

Den unteren Ärmelteil verbreitern und verlängern.

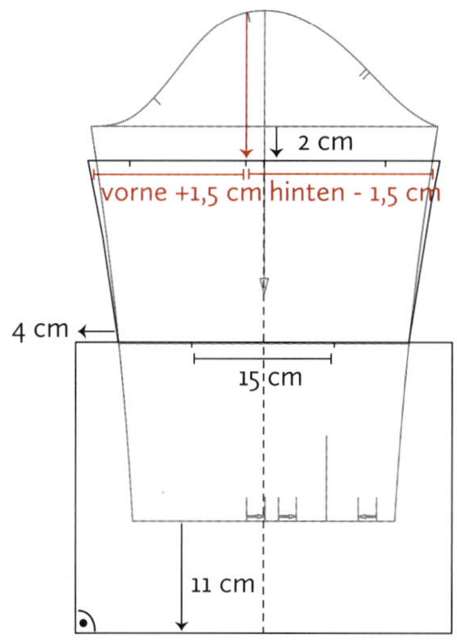

Fertiger Ärmel

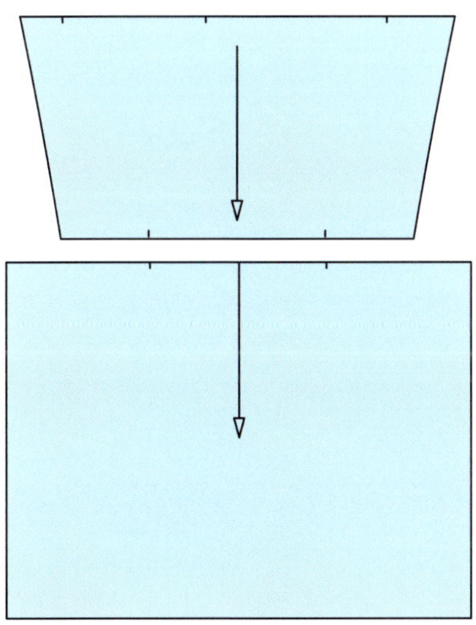

oberes Ärmelteil

unteres Ärmelteil

BLUSENSHIRTS

Bluse mit Bindeband und gedrehten Ärmeln

Details:

gelegte Falten am Halsausschnitt im Vorderteil
Naht in der vorderen Mitte und Schlitzöffnung
Bindebänder am Halsausschnitt
weite, gedrehte Ärmel

Vorder- und Rückenteil

A Halsloch an der Schulter im Vorder- und Rückenteil jeweils verbreitern und in der vorderen Mitte vertiefen. Halsloch vorne und hinten ausmessen, Maß notieren.

B Das Armloch im Vorder- und Rückenteil vertiefen und verbreitern. Armloch jeweils neu auszeichnen.

C Seitennaht jeweils auf Gesäßlinie verbreitern und neu auszeichnen.

D Länge in der hinteren Mitte nach unten abtragen, rechtwinklige Linie Richtung Vorderteil zeichnen. An der Seitennaht von dieser Linie nach oben gehen. Saum im Rückenteil gerundet, im Vorderteil gerade zeichnen.

E Schulterabnäher im Rückenteil weglegen (siehe Seite 36).

F Einschneidelinie für die Falte im vorderen Halsloch zum Brustpunkt zeichnen und Einschneiden.

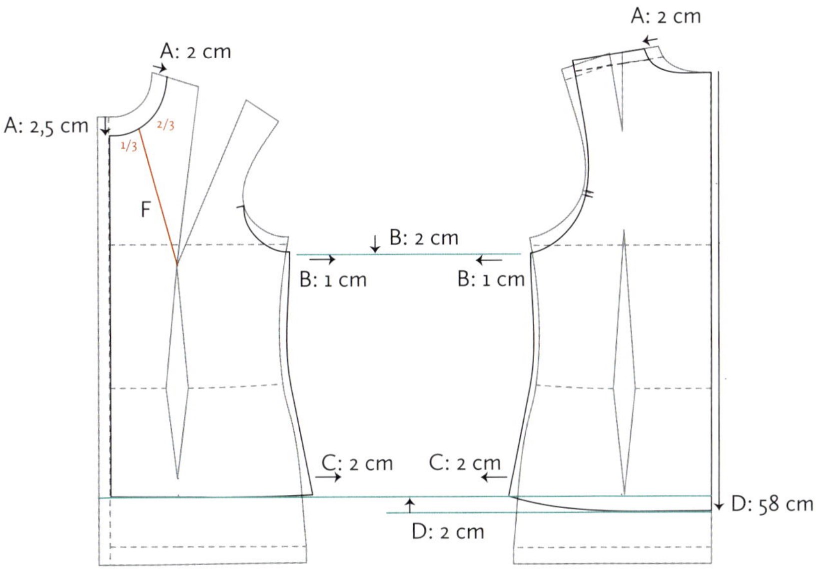

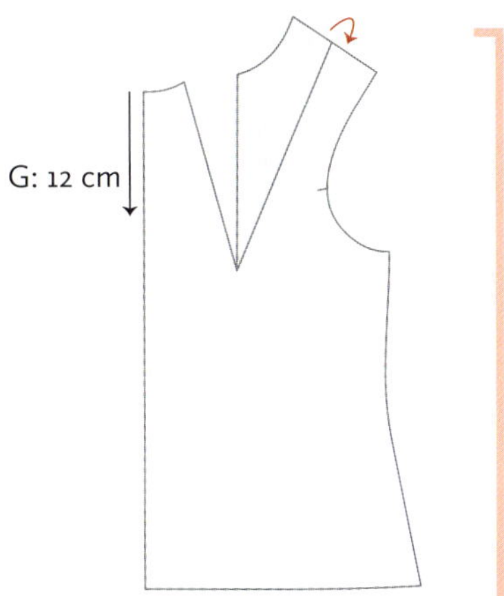

G Brustabnäher ins Halsloch legen. Faltendach (siehe Seite 42) einzeichnen. Markierung für Ausschnittschlitz setzen.

H Bindeband berechnen: Halslochmaß (siehe A) plus Bindezugabe (mindestens 40 cm). Rechteck wie Skizze zeichnen, inklusive Umbruch.

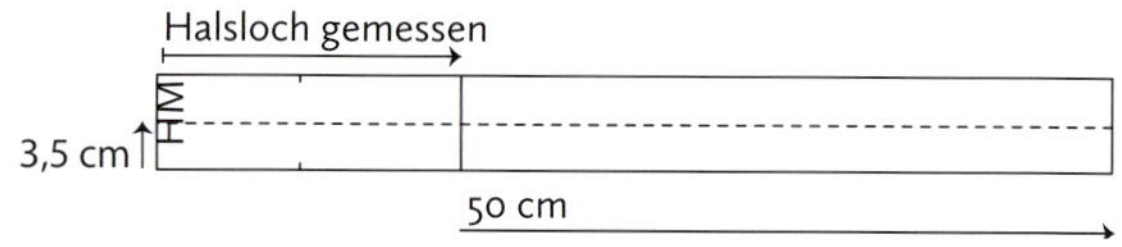

Fertige Schnittteile

Vorderteil

Rückenteil

Bindeband

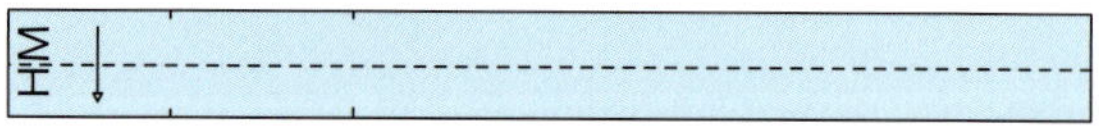

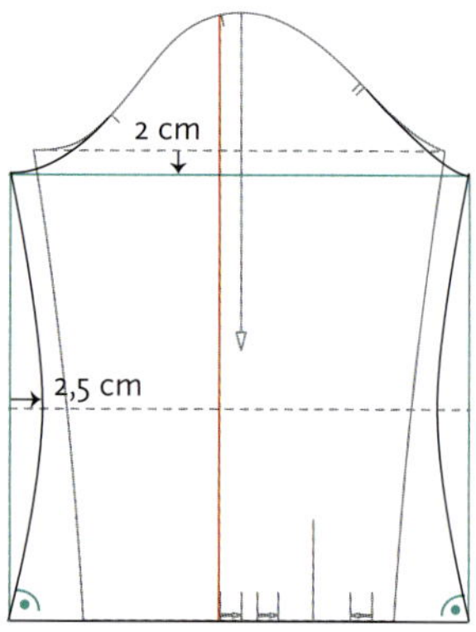

Ärmel

Armloch vertiefen.

Armloch im Vorder- und Rückenteil ab den ÄE ausmessen, Strecken übertragen und verbreitern. Für den Ärmelsaum rechtwinklig nach unten gehen. Ärmelnaht auf Höhe der Ellbogenlinie einstellen und gerundet auszeichnen. Die Einschneidelinie vom Schulterknips rechtwinklig nach unten zeichnen und einschneiden.

Vieleck gemäß Skizze zeichnen. Vorder- und Hinterärmel anlegen.

Die neue Oberarmnaht endet an der Vieleckspitze. Bereich markieren, der als Drehstelle gesondert gesäumt wird.

Ärmelnaht jeweils bis zum Vieleckboden im Verlauf verlängern. Bogen für Ärmelsaum einzeichnen.

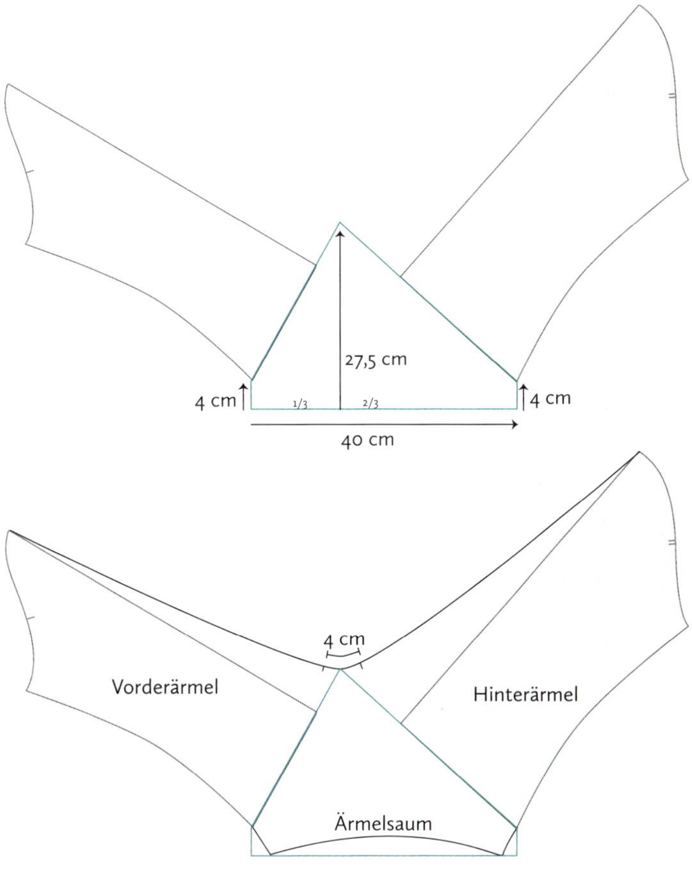

Fertiges Schnittteil

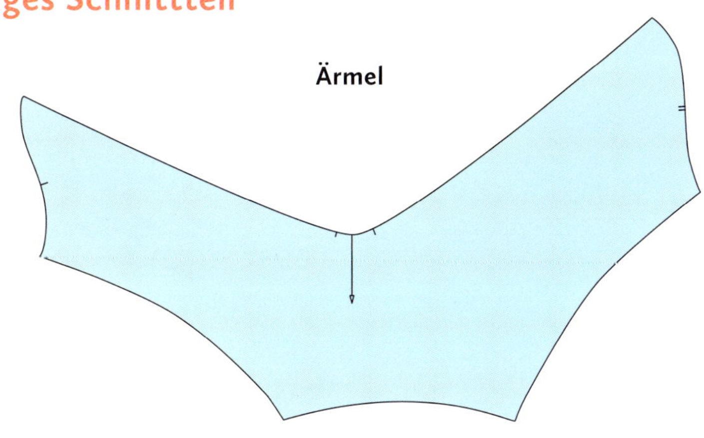

BLUSENSHIRTS

Tunika mit Durchziehschlupf und weiten Ärmeln

Details:

großer Schlupf zum Durchziehen
Kräuselung am Halsloch
Seitenschlitze
weite Ärmel

Vorder- und Rückenteil

A Seitennaht geradestellen. Schulterabnäher weg- (siehe Seite 36) und Brustabnäher in die Seitennaht legen (siehe Seite 34).

B Schulternaht auf die originale Naht zurücklegen (= gestrichelte Linie an der Rückenteilschulter im Grundschnitt): im Vorderteil nach oben und im Rückenteil nach unten.

C Halsloch an der Schulter im Vorder- und Rückenteil verbreitern, in der vorderen Mitte und hinteren Mitte vertiefen. Das hintere Halsloch ausmessen, Maß notieren.

D Ausschnitt im Vorderteil zeichnen. Das Vorderteil geht bis zur vorderen Mitte und liegt im Stoffbruch. Das vordere Halsloch ausmessen, Maß notieren.

E Länge in der hinteren Mitte nach unten abtragen, rechtwinklige Linie Richtung Vorderteil zeichnen.

F Von der hinteren Mitte eine Parallele für die Kellerfalte zeichnen, mit dem Schnittteil verbinden.

G An der Seitennaht Markierungen für die Seitenschlitze anzeichnen.

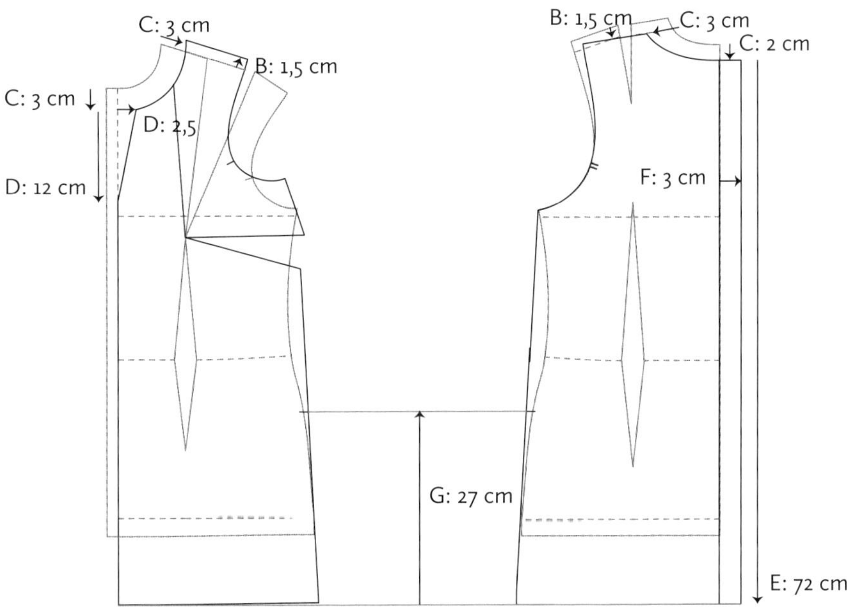

H Einschneidelinie vom Halsloch über den Brustpunkt bis zum Saum zeichnen und einschneiden.

I Seitlichen Brustabnäher zulegen und an der Einschneidelinie aufspringen lassen. Zusätzlich auf Höhe des Brustpunktes Mehrweite einlegen und weiter aufdrehen. Im Saum bleiben die Schnittteile zusammen, Saum ausrunden. Vorderes Halsloch neu auszeichnen.

J Beleg für den Schlitz im Vorderteil zeichnen.

K Im Vorder- und Rückenteil Kräuselmarkierungen im Halsausschnitt setzen. Im Vorderteil im Bereich des Beleges nicht ankräuseln, dann ist der Beleg einfacher zu nähen. Im Rückenteil in den mittleren Zwei-Dritteln ankräuseln.

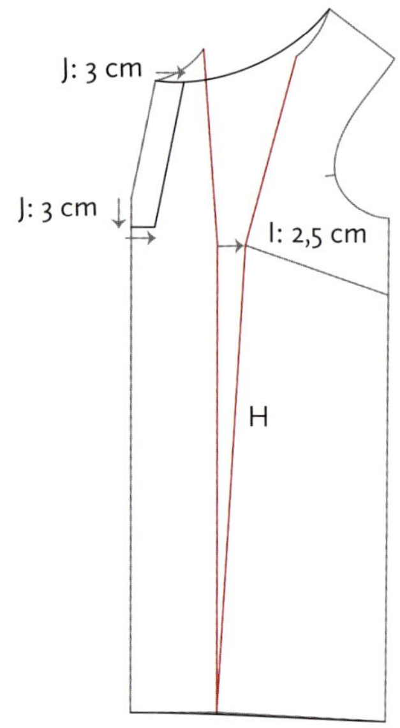

Fertige Schnittteile

Vorderteil

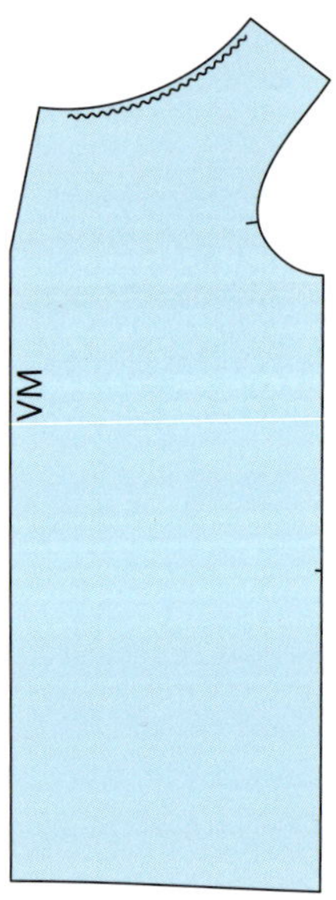

Rückenteil

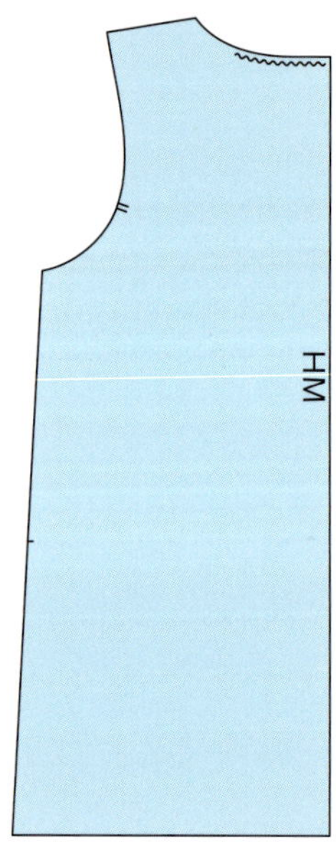

Beleg

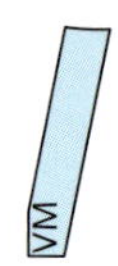

Ärmel

Ärmel verlängern und Saum geradestellen.

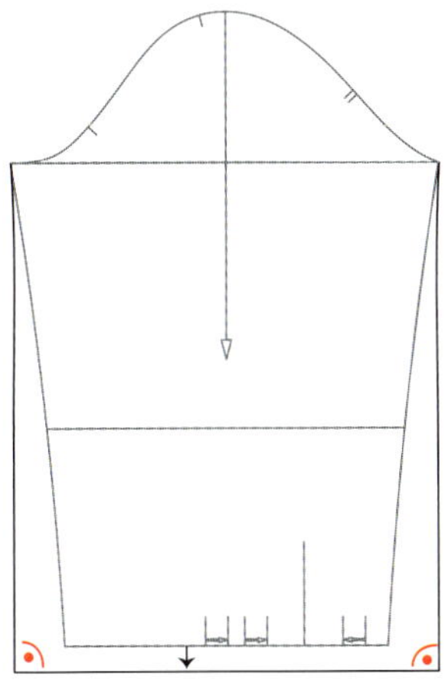

Fertiges Schnittteil

Ärmel

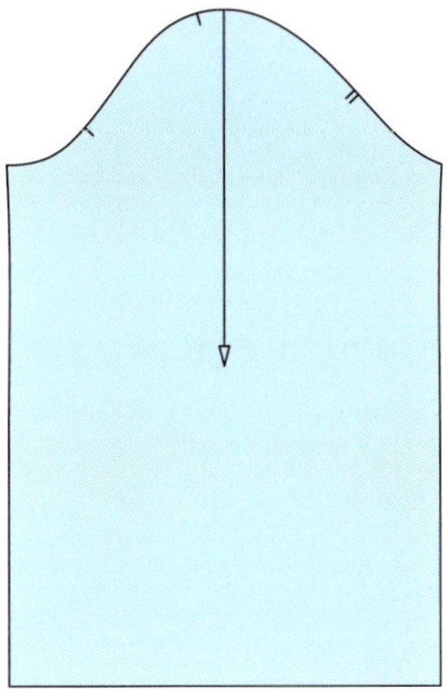

Schlupf

Rechteck zeichnen, Maß des hinteren Halslochs (siehe C) von der hinteren Mitte nach links abtragen, Markierung setzten. Ab hier das Maß vom vorderen Halsloch (siehe D) abtragen. Die Zugabe für die Schlaufe abtragen. Ab der hinteren Mitte nach rechts die Halslochmaße spiegeln und Schlupf abtragen. Rechteckhöhen wie angegeben zeichnen.

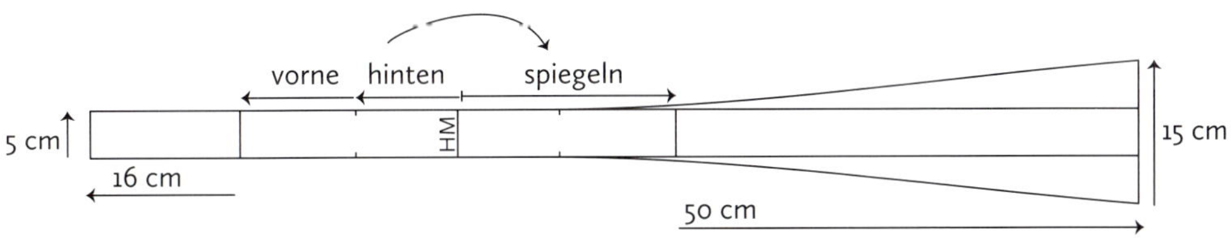

Fertiges Schnittteil

Schlupf

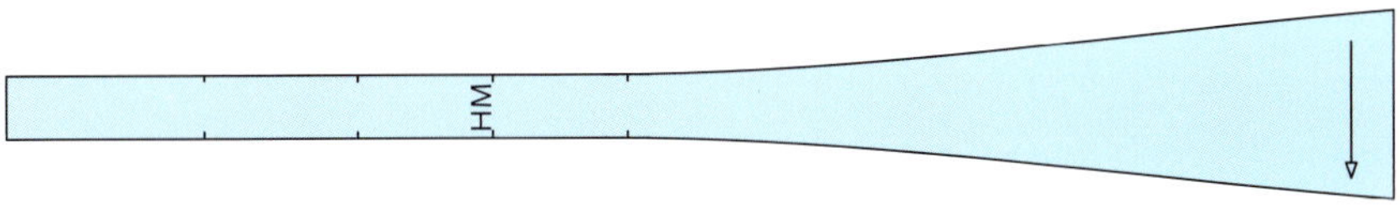

BLUSENSHIRTS

Kimonobluse mit Stehkragen und Tropfenausschnitt im Rücken

Details:

(fast) Zero Waste
angeschnittene Ärmel
angeschnittener Gürtel
Tropfenausschnitt in Kellerfalte im Rückenteil
Kräuselung im Vorderteil
hoher Stehkragen

Schnittteile entwickeln

Bei Zero-Waste-Schnitten geht man von dem geplanten Stoffstück aus und entwirft das Modell »hinein«. Das kann man sehr gut mit dem Grundschnitt kombinieren, man erkennt hier, wie weit der Schnitt an prägnanten Stellen (Brust, Taille, Hüfte) wird und kann das Modell leichter einschätzen. Daran denken: Bei diesen Schnitten ist die Nahtzugabe gleich enthalten und muss also auf den Grundschnitt gerechnet werden.

- **A** Stoffgröße im Stoffbruch festlegen. Parallelen für die Vertikale von links abtragen, für die Horizontale von unten nach oben. Grundschnitt mit der vorderen bzw. hinteren Mitte an der ersten vertikalen Parallele anlegen, Schulterpunkte treffen aneinander.
- **B** Das Halsloch an der Schulterlinie verbreitern und auszeichnen.

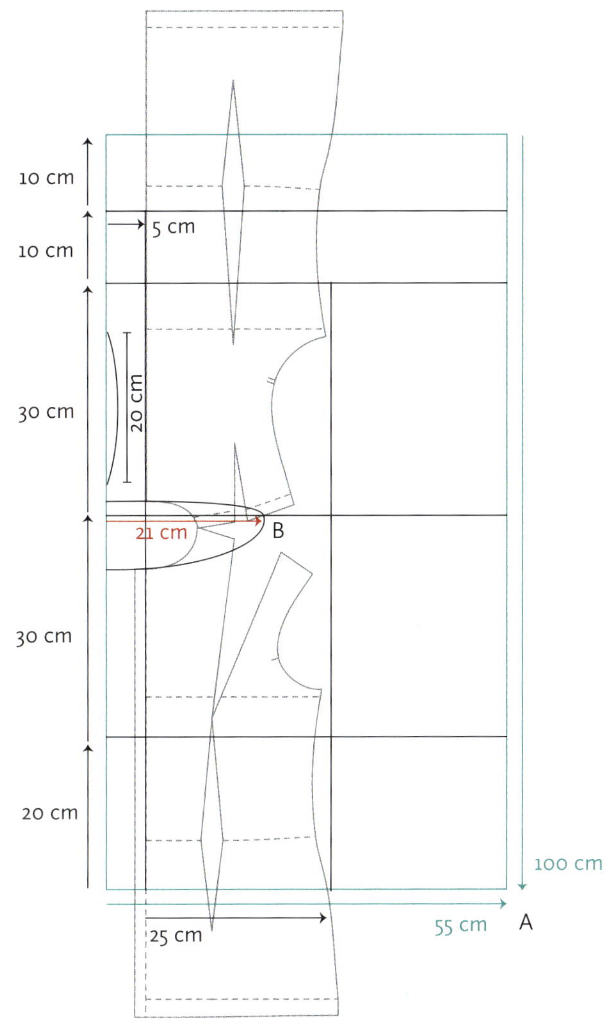

C Das Halsloch bis zur Vertikalen ausmessen, im unteren Streifen die Strecke abtragen = Stehkragen. Den Rest der Strecke stückelt man an das Bindeband an. Beim Zuschnitt würde es sich empfehlen, erst den Streifen komplett vom restlichen Stück abzuschneiden, den Stoffbruch aufzufalten und die Stehkragenlänge von einer Seite zu messen. Somit bleibt für das Bindeband ein langes Stoffstück, statt zwei kurzer, wenn man im Stoffbruch zuschneiden würde. Für den Tropfenausschnitt im Rückenteil eine Rundung einzeichnen, die vom Halsausschnitt mindestens zwei Nahtzugaben entfernt liegt.

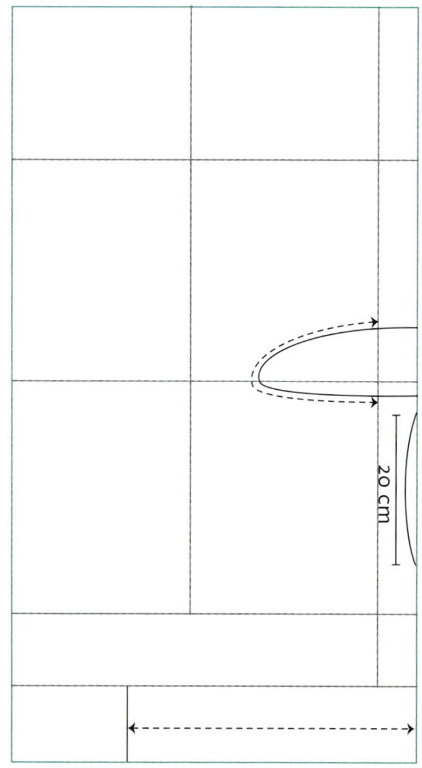

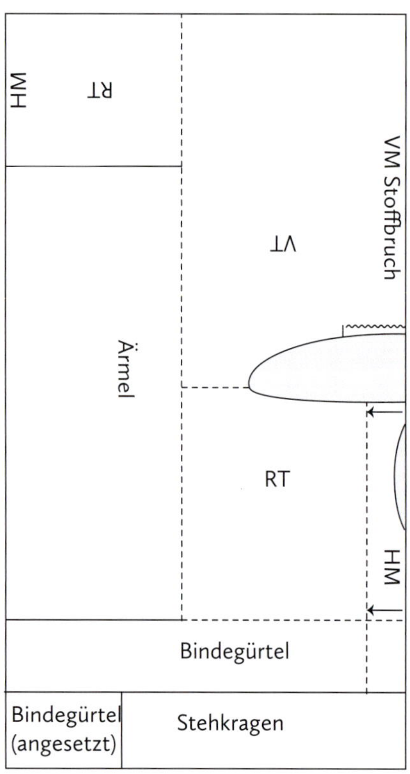

Das seitliche Rückenteil wird nach hinten geklappt und unter dem Bindeband befestigt. Die einzigen Verschnittteile sind die Ausschnitte für Hals und Tropfenform.

BLUSENSHIRTS

Legere Bluse mit angeschnittenem Bindegürtel

Details:

- überschnittene Schultern
- angeschnittener Bindegürtel
- Passe
- Kellerfalte im Rückenteil

Vorder- und Rückenteil

A Schulterabnäher weglegen (siehe Seite 36) und Brustabnäher in die Seitennaht legen (siehe Seite 34). Vorderteil liegt an der vorderen Mitte im Stoffbruch.

B Halsloch an der Schulter im Vorder- und Rückenteil verbreitern, in der vorderen Mitte vertiefen.

C Länge in der hinteren Mitte nach unten abtragen, rechtwinklige Linie Richtung Vorderteil zeichnen. Beide Seitennähte verlängern.

D Von der hinteren Mitte rechtwinklig die Passennaht zeichnen.

E Für die Falte im Rückenteil eine Parallele zeichnen.

F Schulterlinie im Vorder- und Rückenteil verlängern. Schulterendpunkt jeweils mit dem Armloch verbinden. Dafür jeweils einen rechten Winkel an der Schulter anlegen. Markierung unten am Armloch setzen.

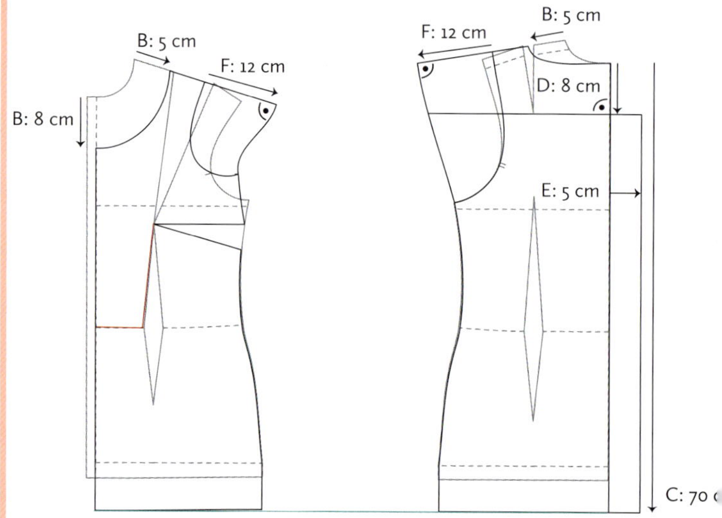

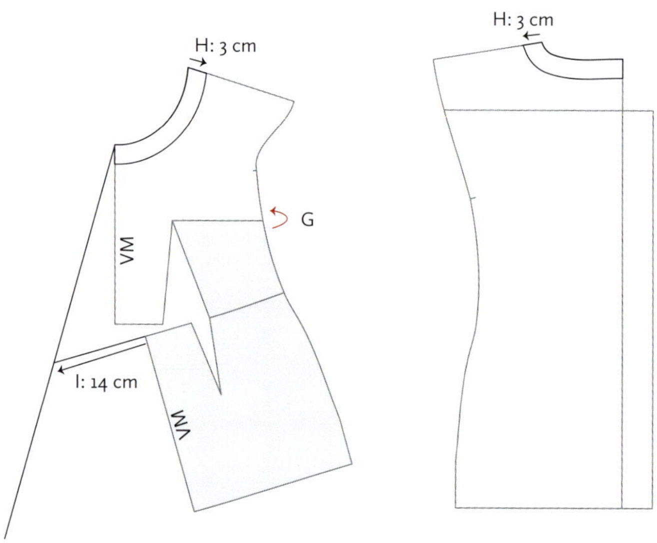

G Im Vorderteil an Taillenlinie und -abnäher einschneiden, um den Brustabnäher zuzulegen.

H An den Halsausschnitten Parallelen für die Belege einzeichnen. Im Rückenteil die Markierung für die Kellerfalte setzen.

I An der vorderen Mitte im unteren Teil die Taillenlinie verlängern. Diesen Punkt sowohl mit dem Halsausschnitt verbinden als auch nach unten verlängern = neue vordere Mitte.

J Die neue vordere Mitte geradestellen, Vorderteil spiegeln und Saum ausrunden.

K Fünf gleichlange Einschnitte setzen, so dass zwei Bindebänder und ein Saumausschnitt (Dreieck) entstehen. Mit dem Saumausschnitt wird zu viel entstandene Mehrweite im Hüftbereich entfernt. Zwischen den Bindebändern muss ein Zwischenstück sein, damit die Bänder verknotet werden können.

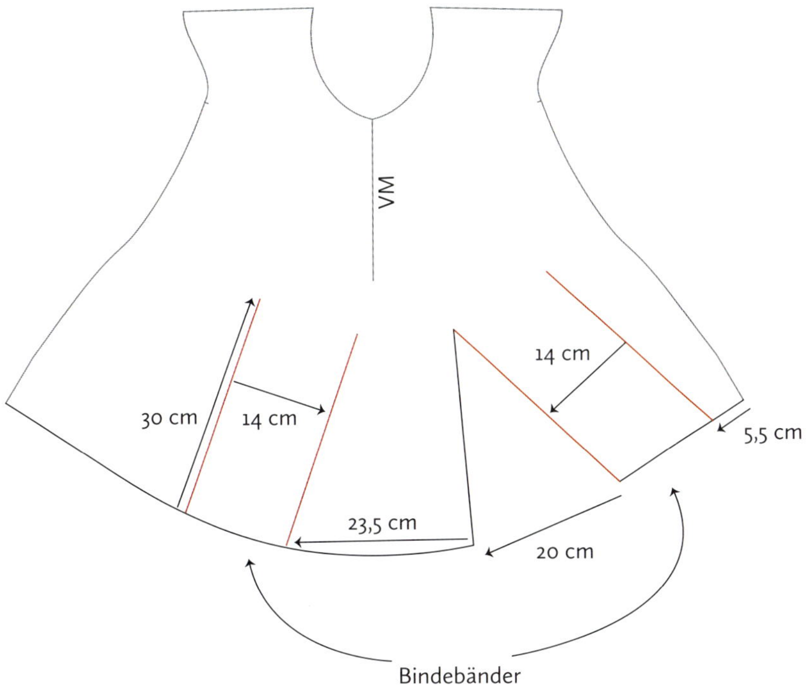

Fertige Schnittteile

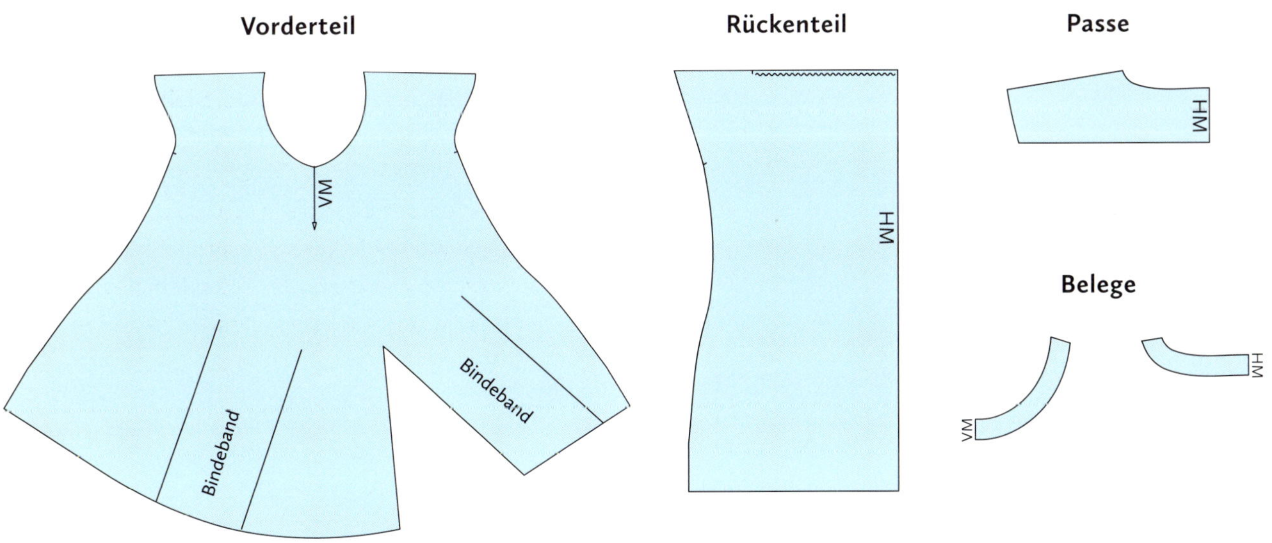

BLUSENSHIRTS

Ärmellose Bluse mit Drehfalte im Ausschnitt

Details:

Drehfalte im Ausschnitt
gekreuzte Rückenteile
ärmellos / mit Belegen

Vorder- und Rückenteil

A Brustabnäher in die Seitennaht legen (siehe Seite 34). Schulter im Rückenteil um die Breite des Schulterabnähers verkleinern, Armloch neu auszeichnen.

B Halsloch an der Schulter im Vorder- und Rückenteil verbreitern.

C Länge in der hinteren Mitte nach unten abtragen, rechtwinklige Linie Richtung Vorderteil zeichnen. Beide Seitennähte anpassen.

D Vorder- und Rückenteil an der jeweiligen Mitte spiegeln.

E Träger im Rückenteil einzeichnen.

F Im Vorderteil zwei Einschneidelinien setzen: vom Brustpunkt zum Brustpunkt, und vom ÄE zum Brustpunkt. Noch nicht einschneiden. Ausschnittlininen im Vorderteil zeichnen.

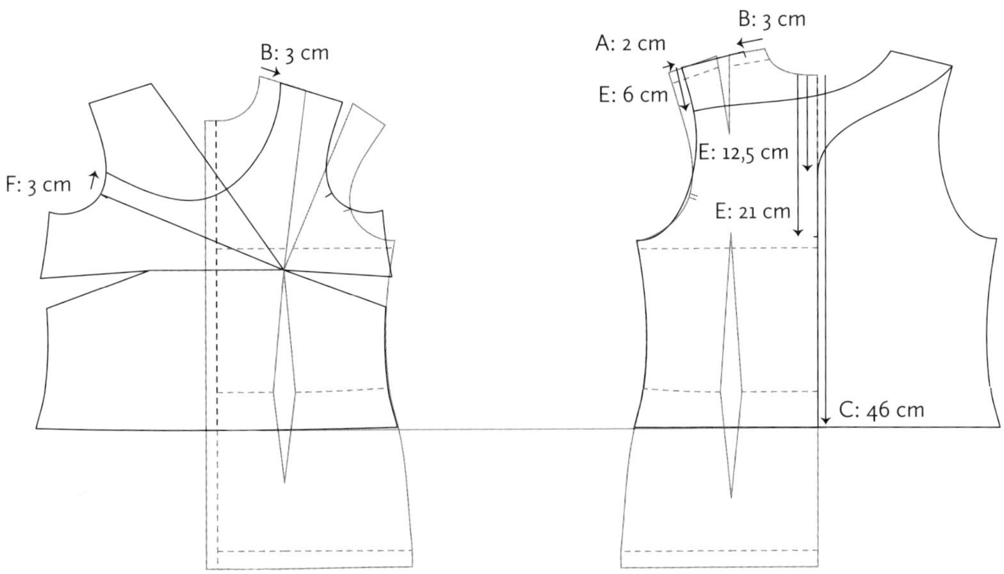

G Belege einzeichnen: Im Rückenteil komplett im oberen Bereich bis zur Markierung in der hinteren Mitte. Im Vorderteil den linken Ausschnittbeleg und den Armlochbeleg für beide Armlöcher. Die andere Seite des Ausschnitts wird zweimal eingeschlagen und benötigt keinen Beleg.

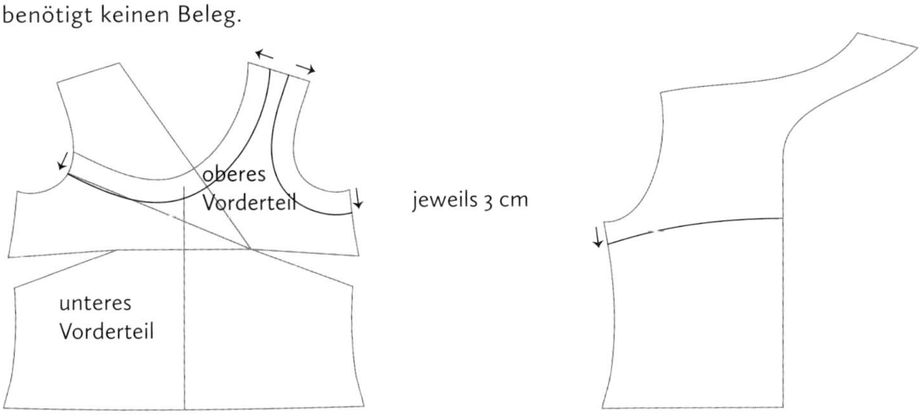

H Im unteren Vorderteil den Brustabnäher in die vordere Mitte legen, Schulterpunkt und unterer Abnäherpunkt in der Seitennaht gerade miteinander verbinden.

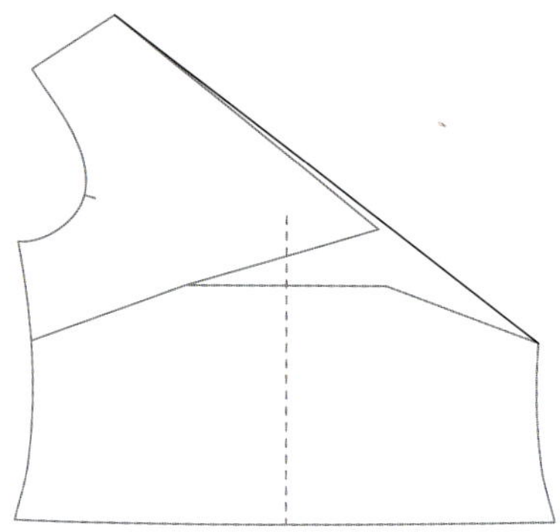

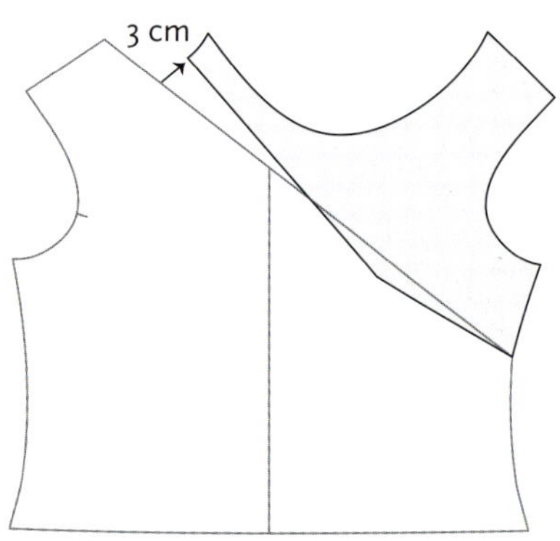

I Das obere Vorderteil am unteren Abnäherpunkt in der Seitennaht ansetzen, oben benötigt es zwischen der neuen Linie und dem oberen Vorderteil den Abstand der Nahtzugaben (z.B. 2 x 1,5 cm einschlagen oder 2 x 1 cm einschlagen und 1 cm oberes Vorderteil). Endpunkt der Einschneidelinie als Markierung setzen.

Fertige Schnittteile

Vorderteil

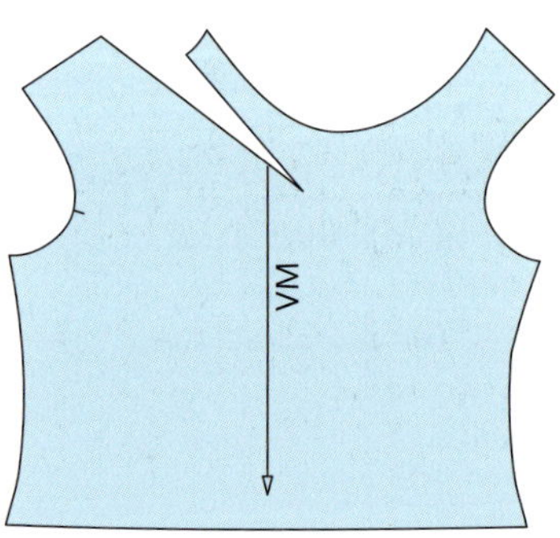

Rückenteil

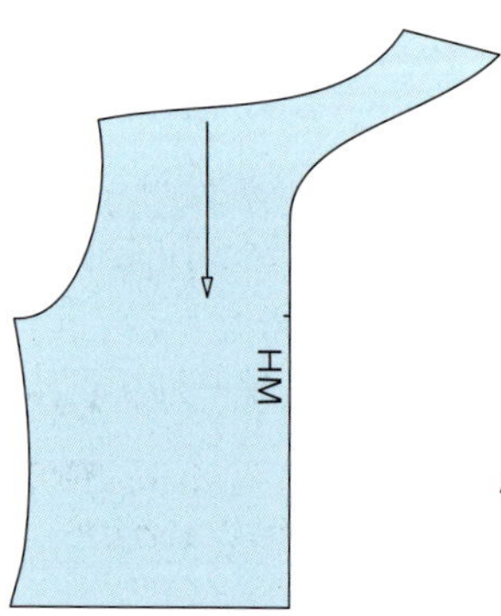

Belege vorne

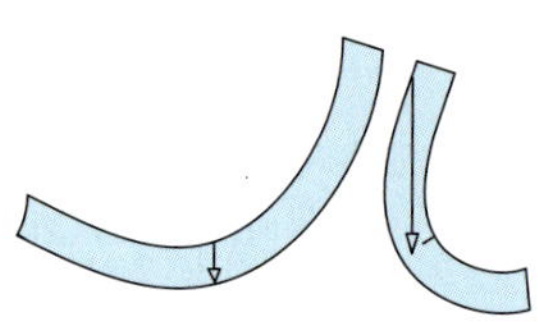

Belege hinten

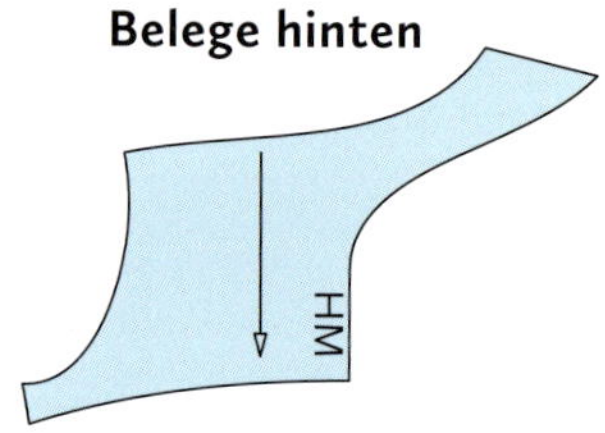

BLUSENSHIRTS

Wickelbluse mit Puffärmeln

Details:

Wickelung im Vorderteil
vorne und hinten Taillenabnäher
Puffärmel mit Falten und Aufschlag

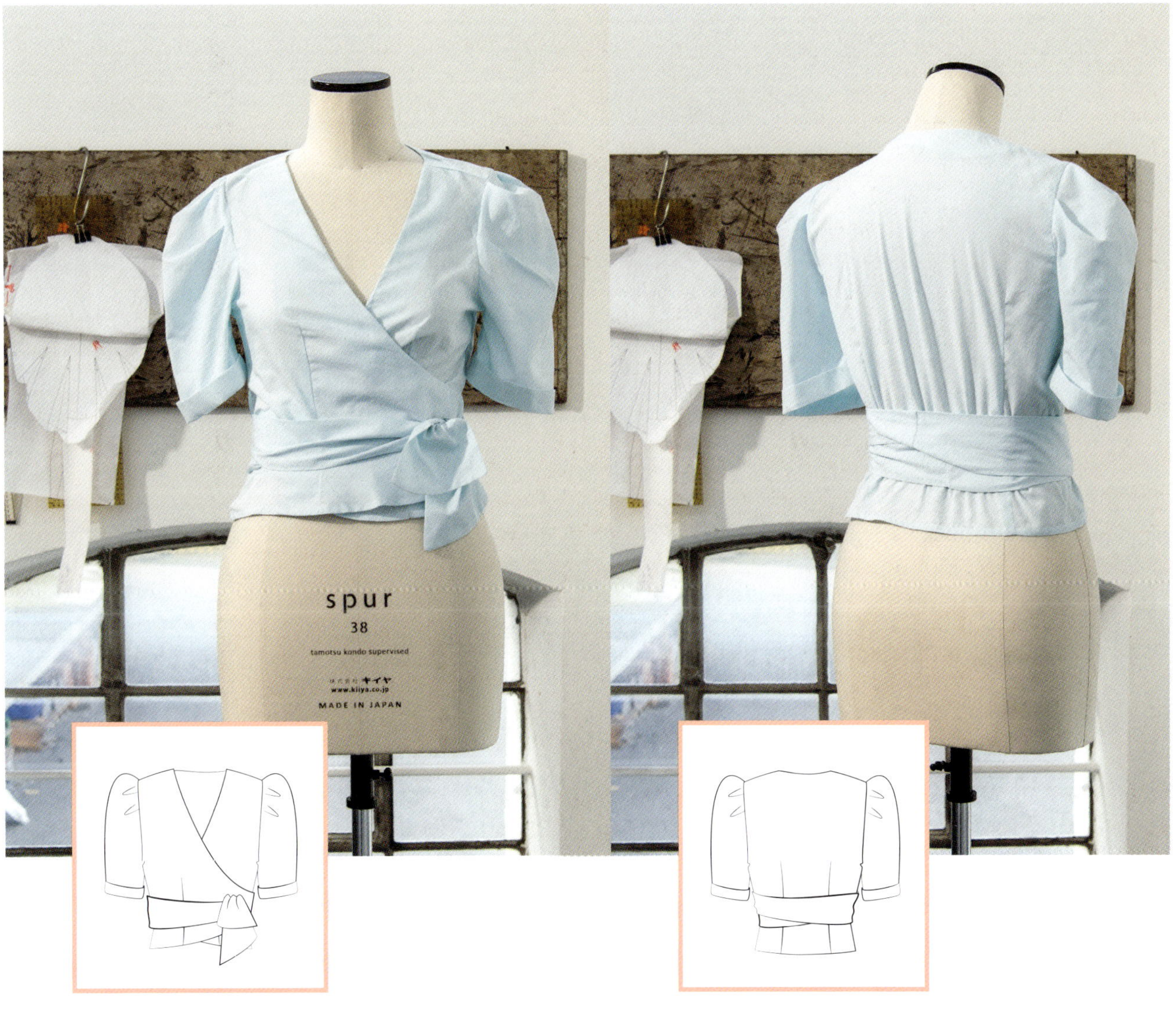

Vorder- und Rückenteil

A Halsloch an der Schulter im Vorder- und Rückenteil verbreitern und in der vorderen Mitte vertiefen.

B Länge in der hinteren Mitte nach unten abtragen, rechtwinklige Linie Richtung Vorderteil zeichnen. An den Seitennähten und im Vorderteil nach oben gehen. Beide Seitennähte anpassen.

C Schulterabnäher im Rückenteil weglegen (siehe Seite 36).

D Vorderteil spiegeln. Um den Brustpunkt einen Kreis ziehen (Radius = ca. Cuptiefe). Vordere Ausschnittlinie unterhalb des Kreises oberhalb der Taille auslaufen lassen. Von diesem Punkt nach unten gehen und Saum ausrunden.

E Brustabnäher in den Taillenabnäher legen, verkürzten Taillenabnäher zulegen.

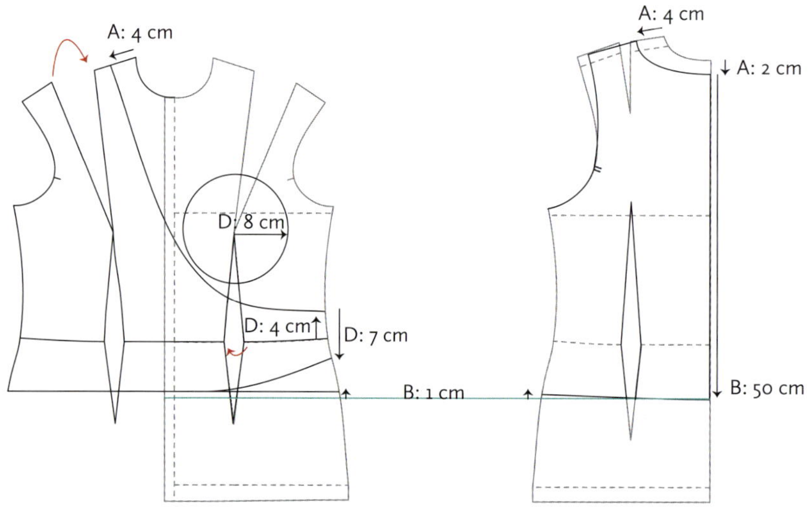

F Vom Brustpunkt zur Ausschnittlinie einschneiden und die Teile an der Ausschnittlinie übereinander legen (= Ausschnitt kneifen). Das sorgt dafür, dass der Ausschnitt nicht aufklafft. Taillenabnäher verkürzen.

G Ausschnitt- und Saumlinie neu ausrunden. Seitennaht parallel nach außen legen, um die Ansatznaht des Bindebandes zu verlegen.

H Belege im Vorderteil und Rückenteil zeichnen.

I Öffnung für Bindeband auf Taillenhöhe zeichnen.

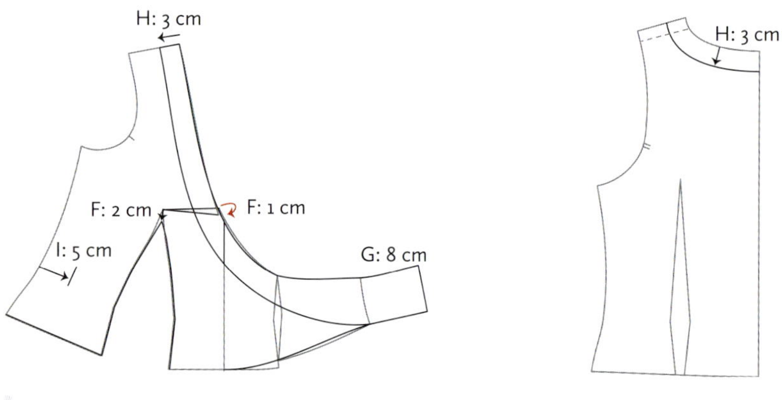

Fertige Schnittteile

Vorderteil

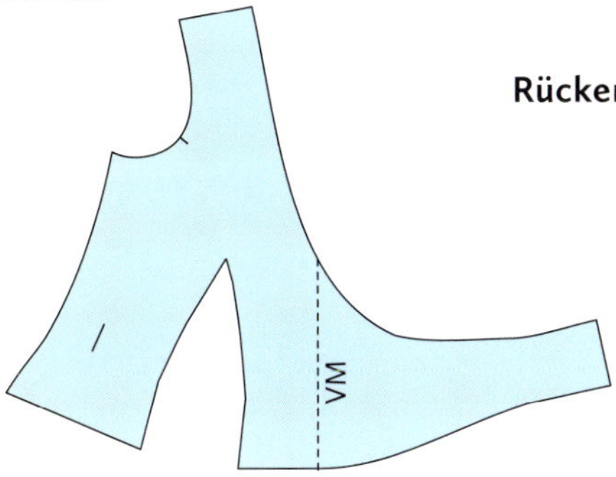

Rückenteil

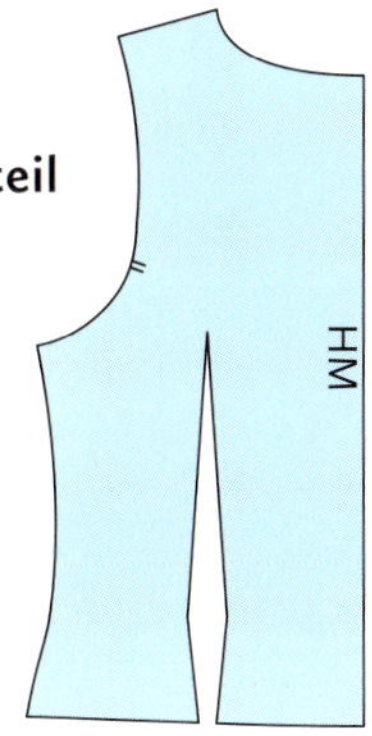

Beleg vorn

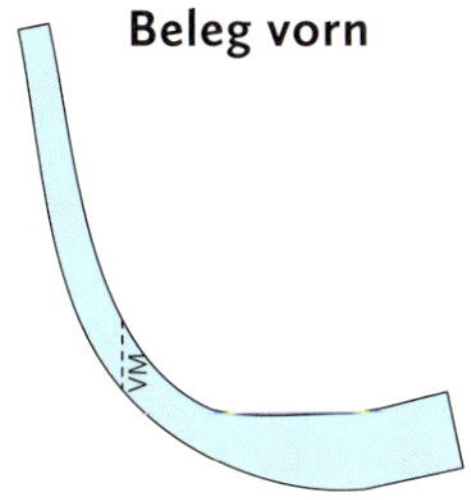

Beleg hinten

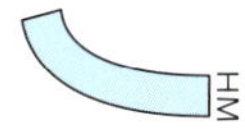

Ärmel

Ärmel verkürzen und Saum einstellen. Einschneidelininen zeichnen und einschneiden.

Falten erst nach den ÄE beginnen lassen. Mehrweite für Falten in die Armkugel legen. Dadurch verschmälert sich der Oberarm. Oberarmmaß kontrollieren und Faltentiefe evtl. anpassen. Armkugel erhöhen, Schultermarkierung rechtwinklig verschieben. Umschlag im Ärmelsaum anzeichnen, Seitennähte dabei spiegeln (sieht man nur bei schrägen Nähten).

Faltendächer einzeichnen. (siehe Seite 42).

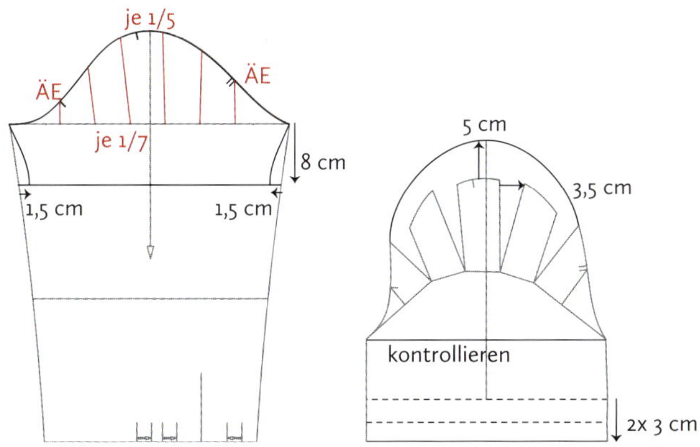

Fertiges Schnittteil

Ärmel

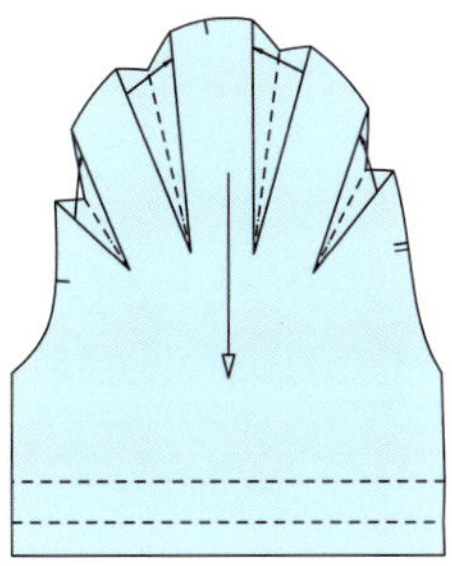

Bindebänder

Linkes (kürzeres) und rechtes (längeres) Bindeband zeichnen.

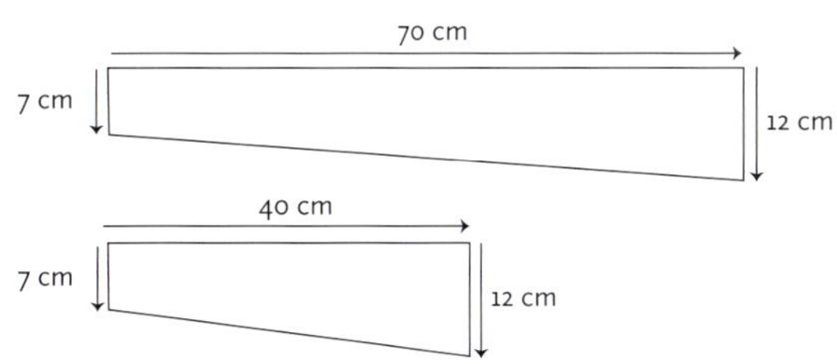

Fertige Schnittteile

Bindebänder

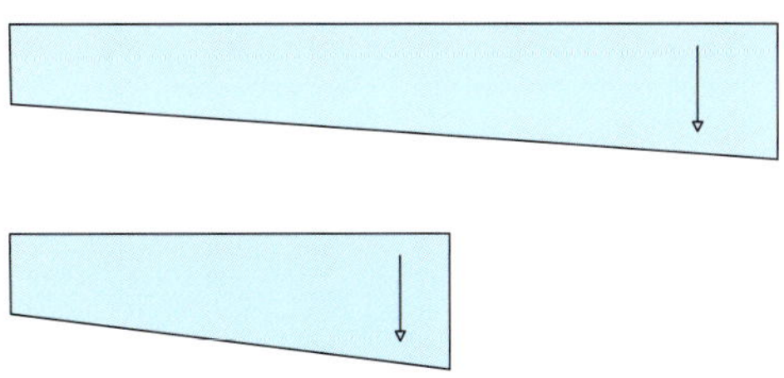

BLUSENSHIRTS

Rüschenbluse mit Puffärmeln

Details:

Rundhalsausschnitt mit Schlitzöffnung
Rüsche im Brustbereich
Brustabnäher unter der Rüsche
Puffärmel
Saumschlitze in der Seitennaht

Vorder- und Rückenteil

- **A** Halsloch an der Schulter im Vorder- und Rückenteil verbreitern und in der vorderen und hinteren Mitte vertiefen.
- **B** Länge in der hinteren Mitte nach unten abtragen, rechtwinklige Linie Richtung Vorderteil zeichnen. An der Seitennaht nach oben gehen und Markierungen für die seitlichen Schlitze setzen.
- **C** Schulterabnäher im Rückenteil weglegen (siehe Seite 36).
- **D** Brustpunktlinie einzeichnen und Brustpunkt nach rechts verschieben, dabei den 2. Abnäherschenkel kontrollieren und verlängern.
- **E** Rüsche von der Brustpunktlinie aus anzeichnen, dabei läuft sie 1-2 cm vor dem verlegten Brustpunkt aus.
- **F** Halsausschnittbeleg im Rückenteil zeichnen.

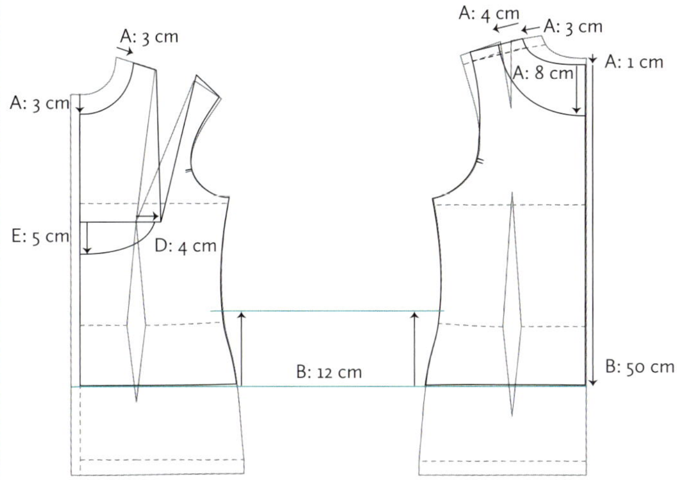

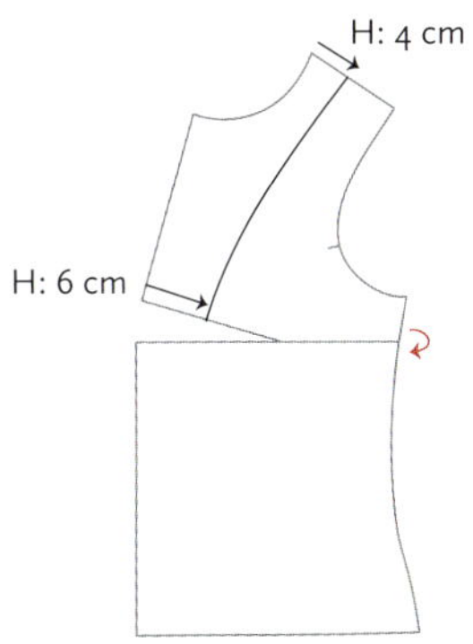

- **G** Brustabnäher zulegen und in der vordere Mitte aufspringen lassen.
- **H** Halsausschnittbeleg im Vorderteil zeichnen.
- **I** Das Vorderteil liegt im unteren Bereich der vorderen Mitte im Stoffbruch. Der Abnäher wird in die Rüsche gelegt und der Ausschnitt im oberen Teil wird mit Beleg gearbeitet. Normalerweise wird ein Abnäher nicht eingeschnitten, hier ist eine große Ausnahme, daher zeichnen wir kein Abnäherdach.

Fertige Schnittteile

Vorderteil

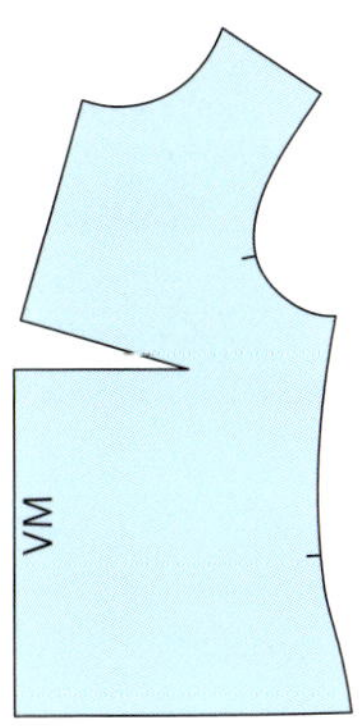

Rückenteil

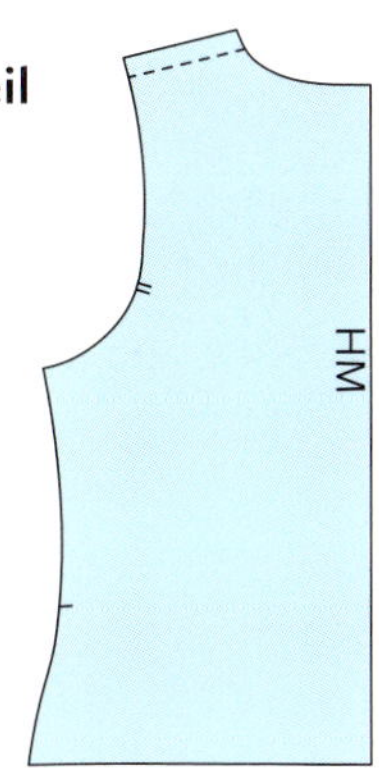

Belege

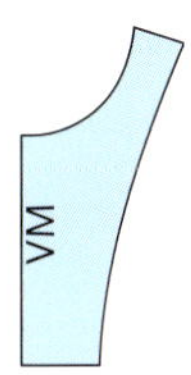

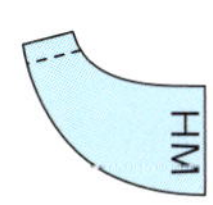

Ärmel

Die ersten Schritte sind wie beim Ärmel der Wickelbluse: Ärmel verkürzen und Saum einstellen. Einschneidelinien zeichnen und einschneiden.

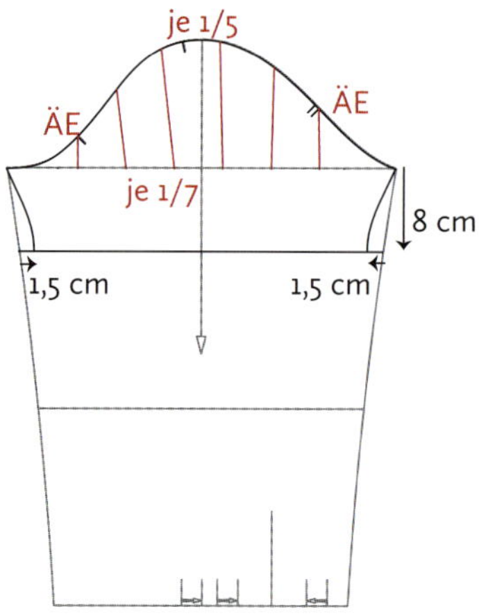

Mehrweite in alle Einschnitte Richtung Armkugel legen, dadurch verschmälert sich der Oberarm. Oberarmmaß kontrollieren und Mehrweite evtl. anpassen. Armkugel erhöhen, Schultermarkierung rechtwinklig verschieben, ÄE beim ersten Einschnitt setzen. Kräuselmarkierung in der Armkugel innerhalb der ÄE setzen. Markierung für den Beginn der Ärmelnaht setzen.

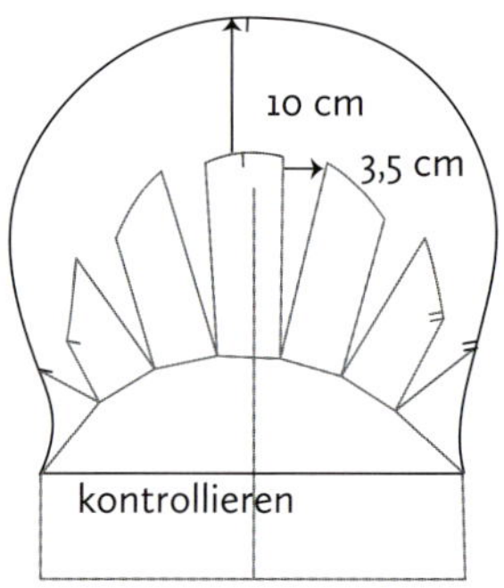

Fertiges Schnittteil

Ärmel

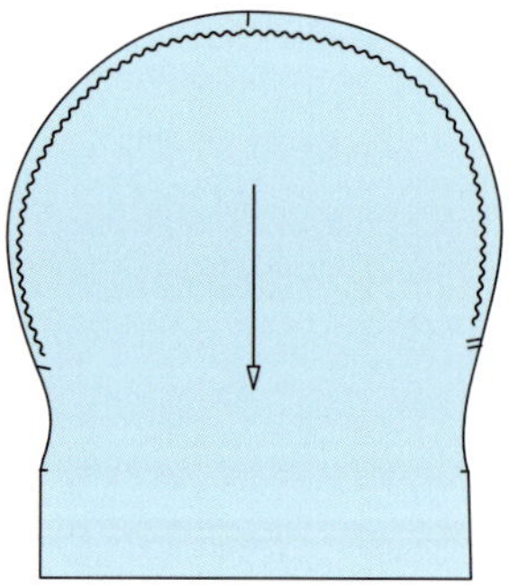

Rüsche

Rüsche um den Kräuselfaktor in der vorderen Mitte verlängern, unser Faktor hier ist 2, daher wird die Strecke verdoppelt (siehe Seite 41). Kräuselmarkierung setzen.

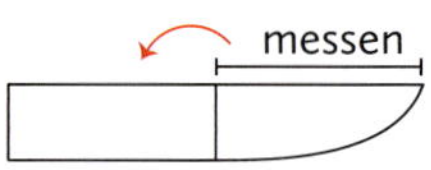

Fertiges Schnittteil

Rüsche

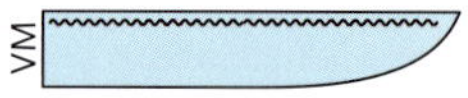

BLUSENSHIRTS

Dirndlbluse mit Schneewittchenkragen

Details:

Schneewittchenkragen
Raffungen in der vorderen Mitte
Unterbrust-Gummiband
Tulpenärmel mit gelegten Falten

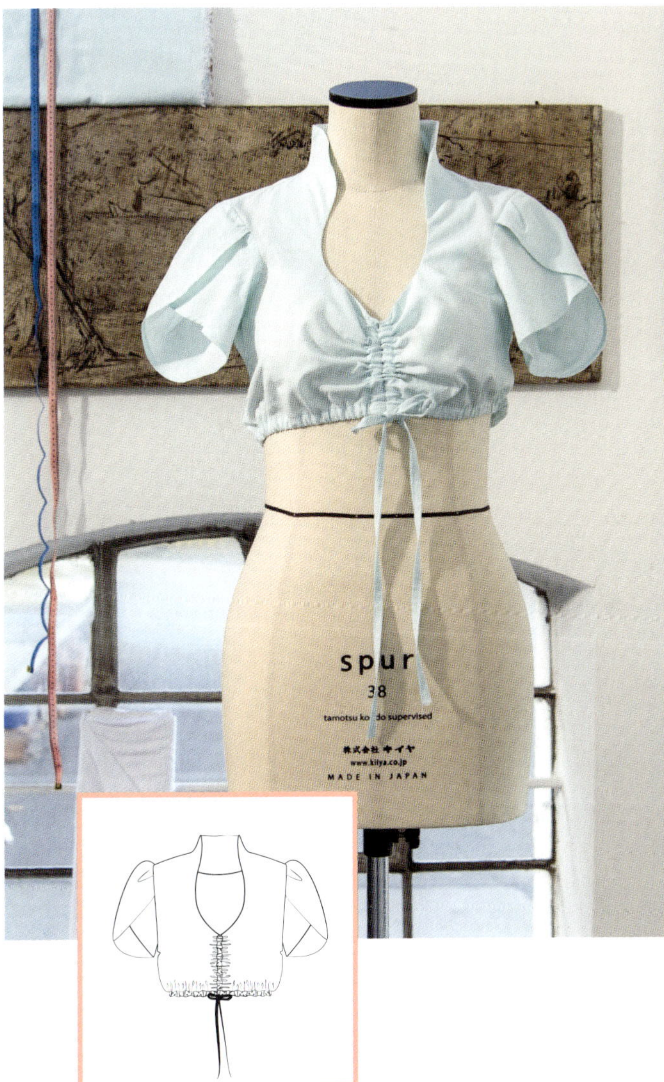

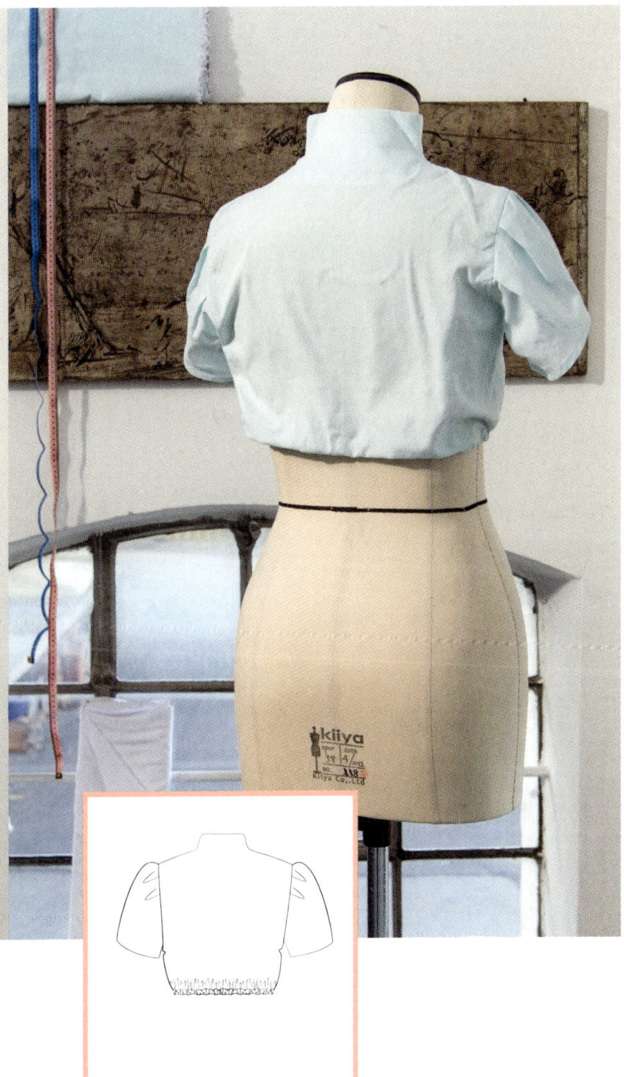

Vorder- und Rückenteil

A Halsloch an der Schulter im Vorder- und Rückenteil verbreitern und in der vorderen Mitte vertiefen.

B Länge in der hinteren Mitte nach unten abtragen, rechtwinklige Linie Richtung Vorderteil zeichnen.

C Einschneidelinien setzen: im Vorderteil vom Brustpunkt zur vorderen Mitte und im Rückenteil zwischen Taillenabnäher und Schulterabnäher. Einschneiden, Brustabnäher zulegen und in der vorderen Mitte aufspringen lassen. Schulterabnäher zulegen und im Taillenabnäher aufspringen lassen.

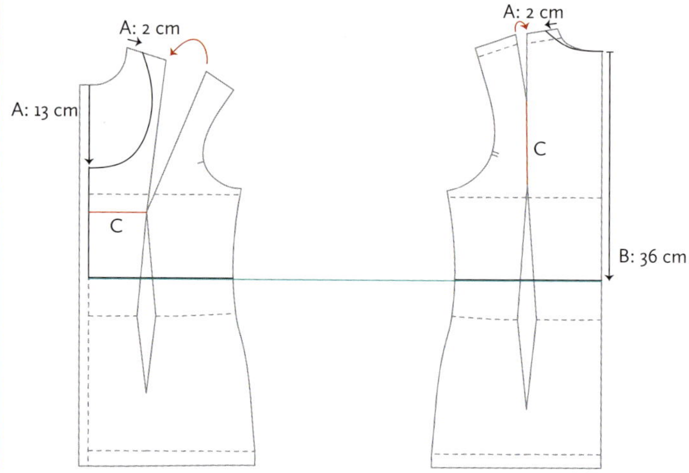

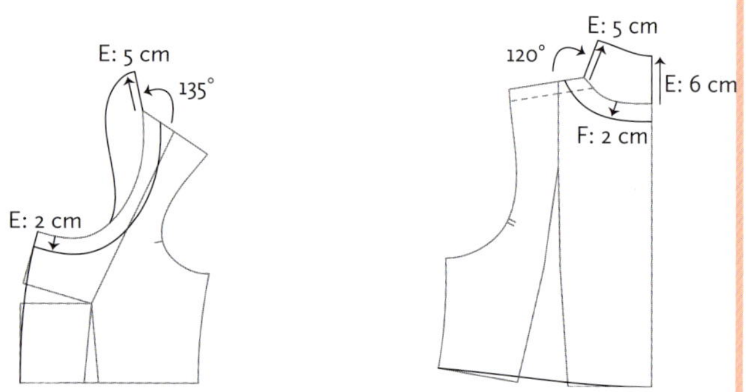

D Saum im Rückenteil und vordere Mitte im Vorderteil ausrunden.

E Schneewittchenkragen zeichnen, der Kragen läuft im Vorderteil in der Ausschnittrundung aus.

F Kragenbelege im Vorder- und Rückenteil zeichnen.

G Im Vorderteil bei den Nahtzugaben in der vorderen Mitte die Tunnelzüge für das Bindeband beachten. Im Saum das eingezogene Gummiband einrechnen.

Fertige Schnittteile

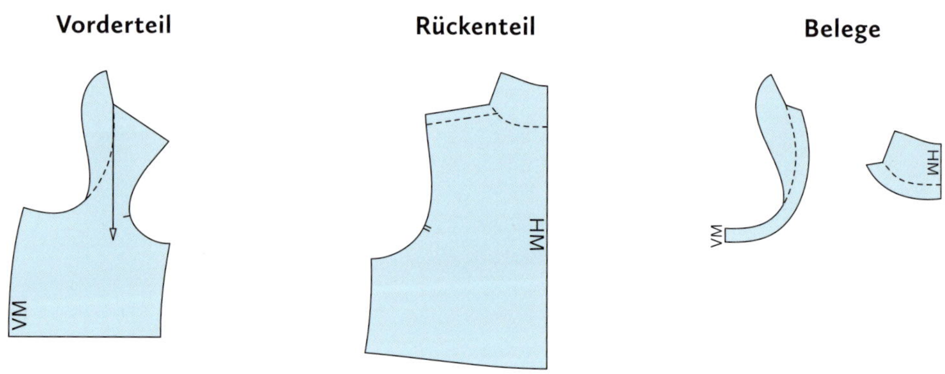

Ärmel

Linien für die Tulpenform setzen. Vorder- und Hinterärmel an der Seitennaht zusammensetzen.

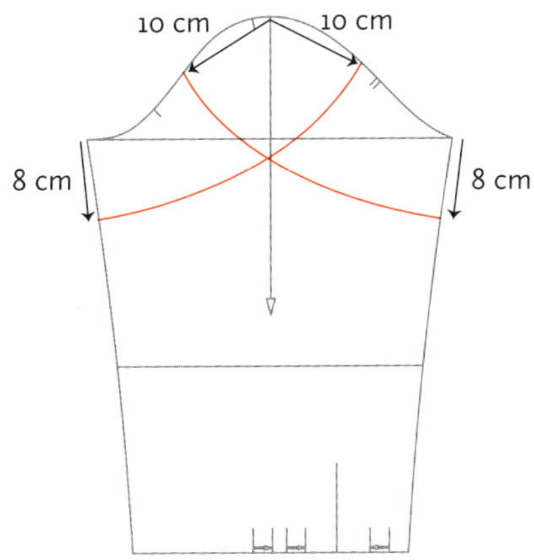

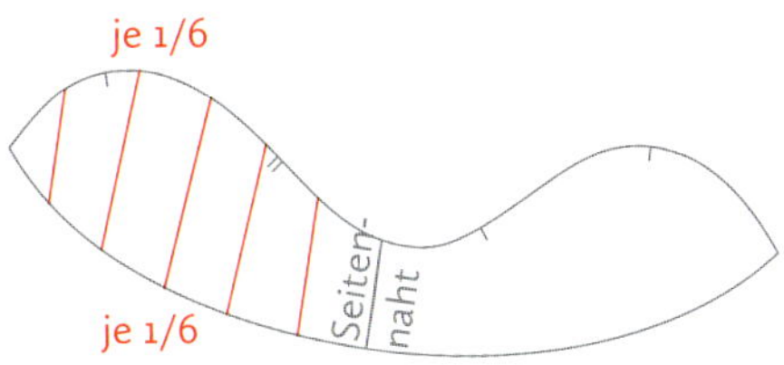

Einschneidelinien für die Falten im Hinterärmel setzen.

Mehrweite für die Falten einlegen. Fadenlauf mittig in der zweiten Falte setzen.
Faltendächer zeichnen (siehe Seite 42).

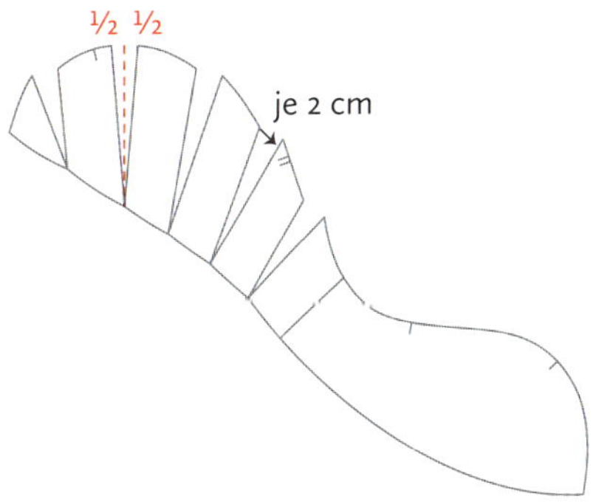

Fertiges Schnittteil

Ärmel

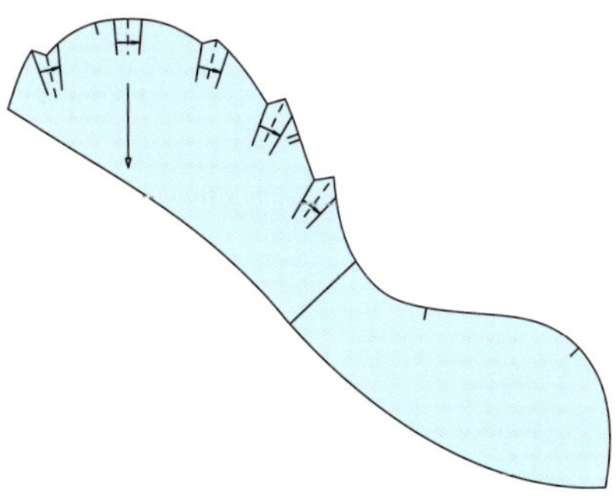

RAGLANBLUSEN

Bei Raglanblusen wird der Ärmel an das Vorder- und Rückenteil angelegt und die Teilungsnaht kann unabhängig von der ursprünglichen Ärmelnaht gesetzt werden. Im Achselbereich (unterhalb des ÄE, des Ärmeleinsatzpunktes) überlappen Ärmel und Rumpf, dieser »Zwickel« sorgt für Bewegungsfreiheit. Klassischerweise verläuft die Raglannaht vom Halsloch über den Ärmeleinsatzpunkt unter den Arm. Doch der Fantasie sind keine Grenzen gesetzt.

Wenn man den Ärmel direkt am ÄE aneinandersetzt, erhält man die körpernaheste Form des Raglan und es entsteht in der Schulter ein Abnäher. Je mehr man mit dem Abstand zwischen den ÄE-Punkten spielt, desto kleiner wird der Schulterabnäher.

RAGLANBLUSEN

Matrosenbluse mit verlegter Seitennaht

Details:

- Flachkragen (Matrosenkragen)
- Raglanärmel
- Poloverschluss
- Kellerfalte im Rückenteil
- vorverlegte Seitennaht mit Schlitz und Schlitzuntertritt
- angeschnittene Manschetten mit Biese

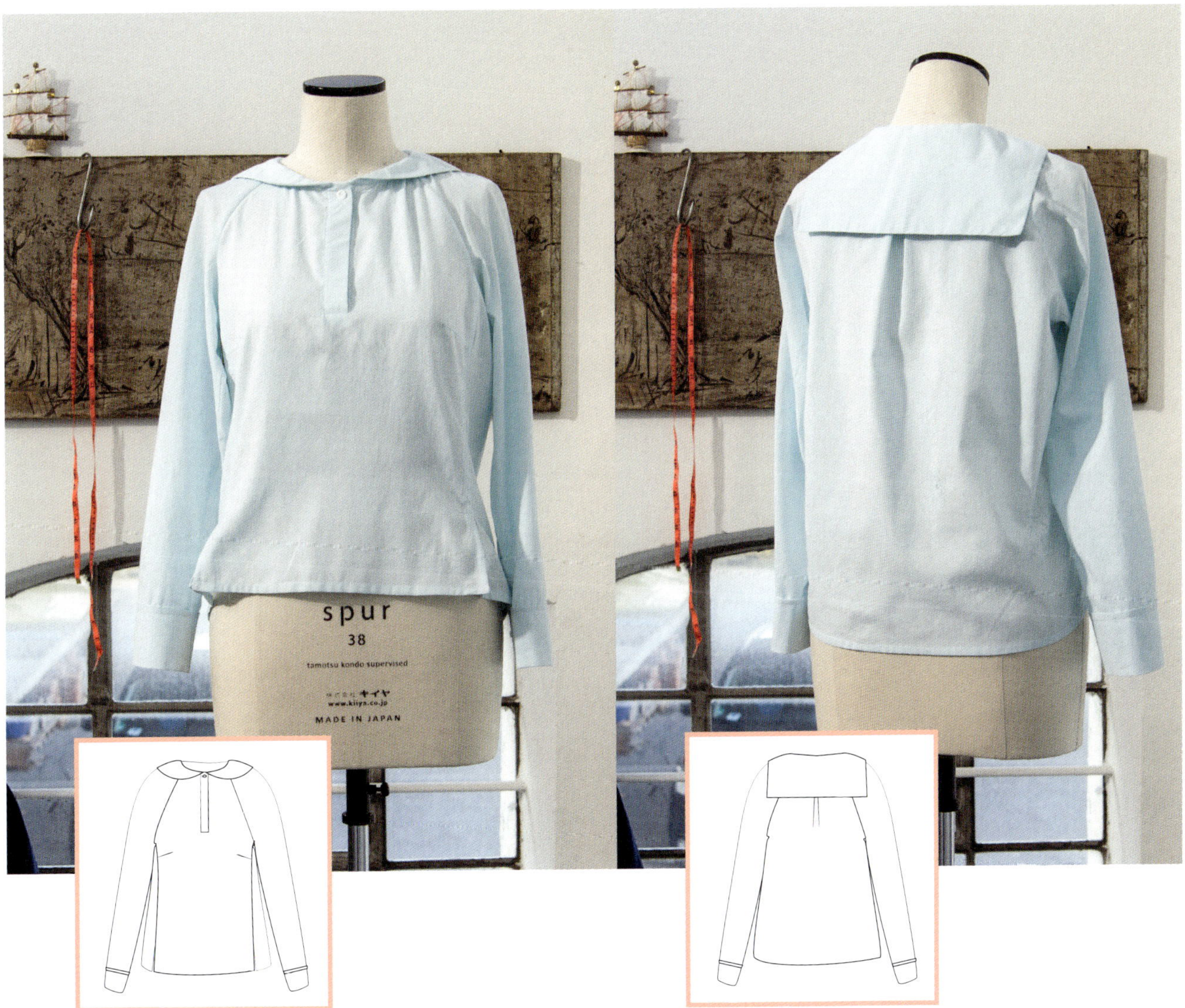

Vorder- und Rückenteil

- **A** Schulterabnäher weg- (siehe Seite 36) und Brustabnäher in die Seitennaht legen (siehe Seite 34).
- **B** Schulternaht auf die originale Naht zurücklegen: Im Vorderteil parallel nach oben legen und im Rückenteil gestrichelte Linie verwenden.
- **C** Halsloch an der Schulter im Vorder- und Rückenteil verbreitern, in der vorderen Mitte vertiefen.
- **D** Beim Ärmel von der Schultermarkierung rechtwinklig nach unten eine Einschneidelinie setzen und einschneiden.
- **E** Raglannaht in Vorder- und Rückenteil zeichnen: vom Halsloch bis zum ÄE.
- **F** Vorder- und Hinterärmel an Vorder- und Rückenteil anlegen: Die Schnittteile treffen am ÄE aneinander und an der Schulter annähernd aneinander.
- **G** Länge in der hinteren Mitte nach unten abtragen, rechtwinklige Linie Richtung Vorderteil zeichnen.

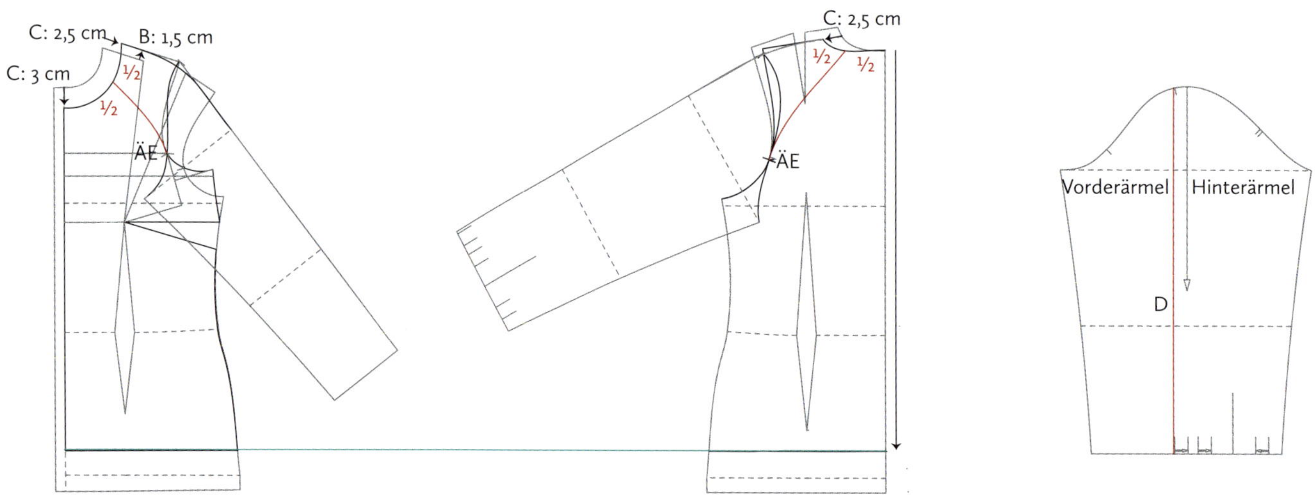

H Von der vorderen Mitte nach innen und außen gehen. Länge für den Poloverschluss anzeichnen.

I Brustabnäher verkürzen.

J Vorderteil: Seitennaht nach innen verlegen. Taillenabnäher in die Seitennaht legen und vergrößern. Rund auszeichnen.

K Saum im Vorderteil und der Seitennaht vom Rückenteil hochstellen und ausrunden.

L Im seitlichen Teil Brustabnäher zulegen und das Teil seitlich ans Rückenteil legen. Seitennaht ausrunden.

M An der neuen Rückenteil-Seitennaht vom Saum nach oben den Untertritt mit Beleg zeichnen.

N In der hinteren Mitte Parallele für die Kellerfalte anstellen, mit Schnittteil verbinden.

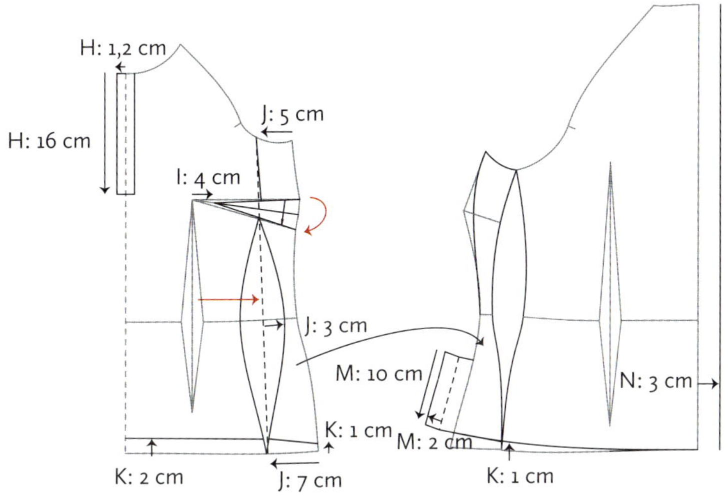

Fertige Schnittteile

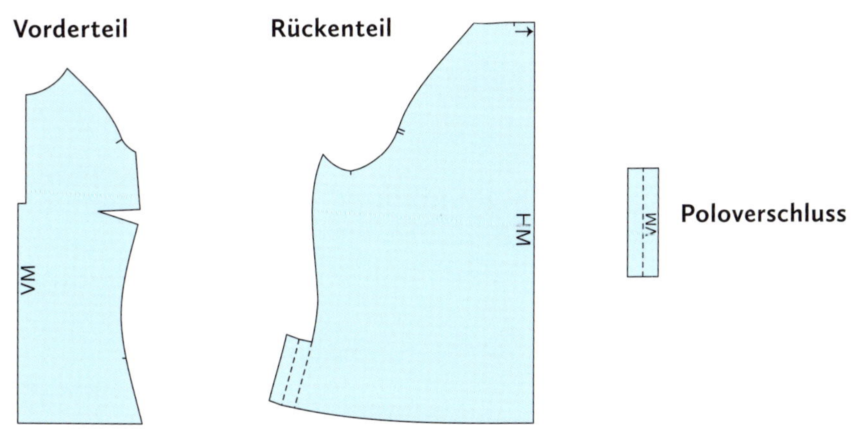

Ärmel

Vorder- und Hinterärmel aneinanderlegen. Am Ärmelsaum einstellen und für die angeschnittenen Manschette verlängern.

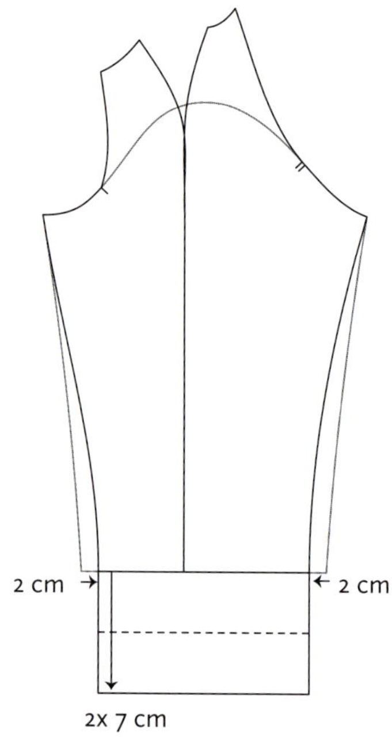

Fertiges Schnittteil

Ärmel

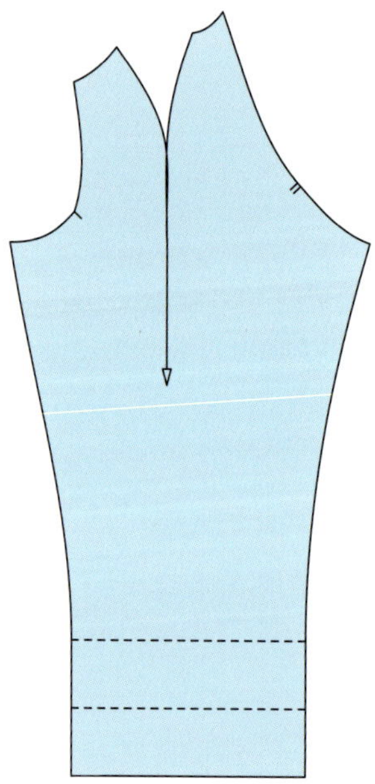

Matrosenkragen

Vorderteil, Vorder- und Hinterärmel sowie Rückenteil im Halsausschnitt aneinanderlegen. Ärmel im Schulterbereich überlappen lassen. Matrosenkragen einzeichnen.

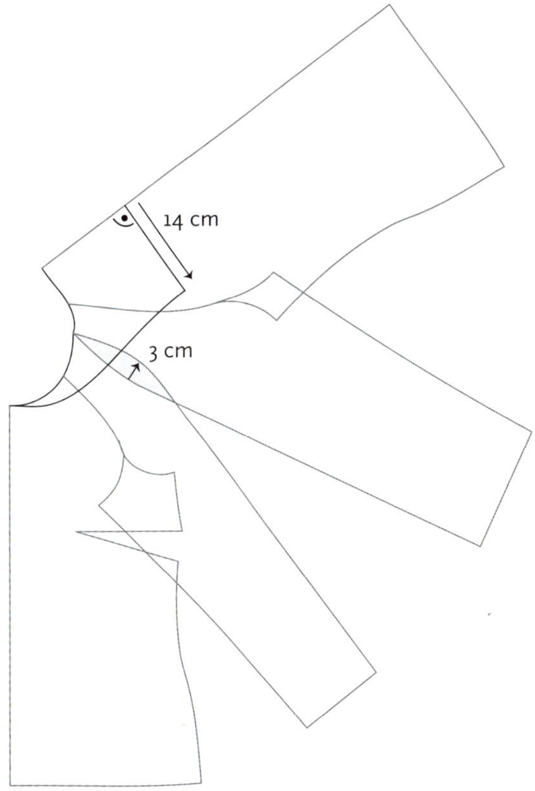

Fertiges Schnittteil

Kragen

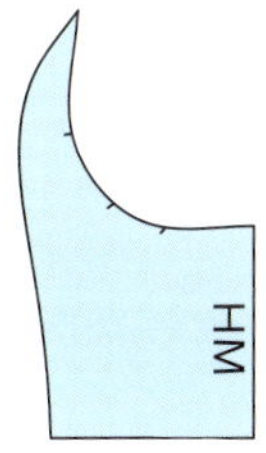

RAGLANBLUSEN

Stufen-Tunika mit gerafftem Strehkragen

Details:

Raffungen am Halsloch und in den Ärmeln mit Gummibändern
gerüschte Stufe
Raglanärmel

Vorder- und Rückenteil

- **A** Schulterabnäher weg- (siehe Seite 36) und Brustabnäher in die Seitennaht legen (siehe Seite 34).
- **B** Schulternaht auf die originale Naht zurücklegen: Im Vorderteil nach oben legen und im Rückenteil gestrichelte Linie verwenden.
- **C** Beim Ärmel von der Schultermarkierung rechtwinklig nach unten eine Einschneidelinie setzen und einschneiden.
- **D** Raglannaht in Vorder- und Rückenteil zeichnen: vom Halsloch bis zum ÄE.
- **E** Vorder- und Hinterärmel an Vorderteil und Rückenteil anlegen: Die Schnittteile treffen am ÄE aneinander und an der Schulter annähernd aneinander.
- **F** Länge in der hinteren Mitte nach unten abtragen, rechtwinklige Linie Richtung Vorderteil zeichnen.

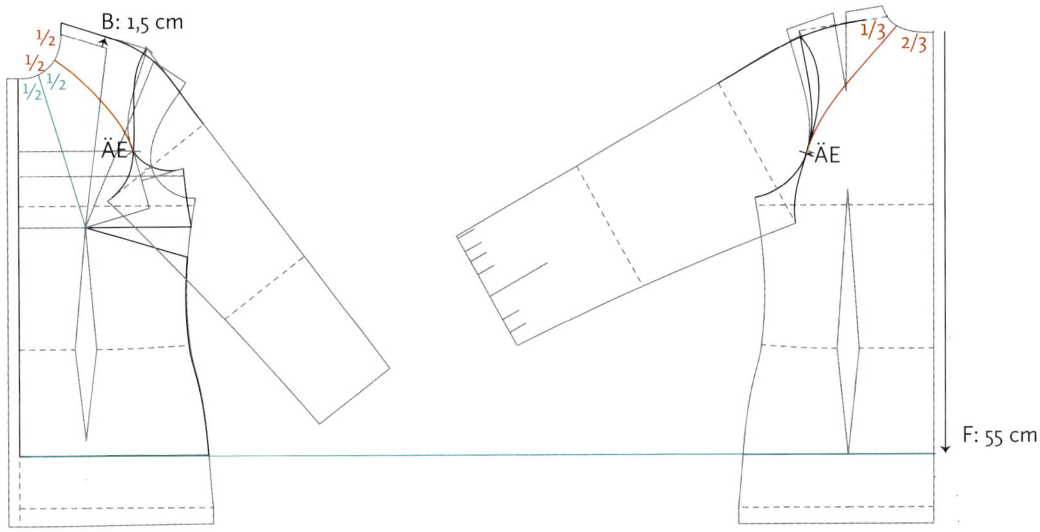

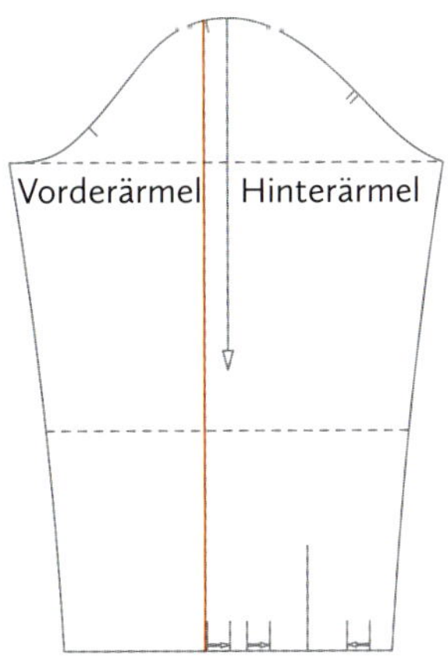

G Brustabnäher in das Halsloch legen.

H In die hintere und vordere Mitte Mehrweite legen, zum Saum hin auslaufen lassen. Vom Schulterpunkt im rechten Winkel auf die neue vordere bzw. hintere Mitte eine Linie ziehen = Halsausschnitt. Parallele nach oben für den Stehkragen zeichnen.

I Saum rechtwinklig zu der neuen vorderen bzw. hinteren Mitte zeichnen. Seitennaht etwas begradigen.

J Saumlinie ausmessen, Maß notieren für die gerüschte Stufe: Kräuselfaktor festlegen (siehe Seite 41) und Länge der Stufe berechnen. Hier rechnen wir mit Faktor 3, da der Stoff sehr leicht ist und sich reichlich rüschen lässt. Wenn die Saumlängen im Vorder- und Rückenteil fast gleich sind, kann man das längere Maß nehmen und die gleich Stufe für vorne und hinten verwenden.

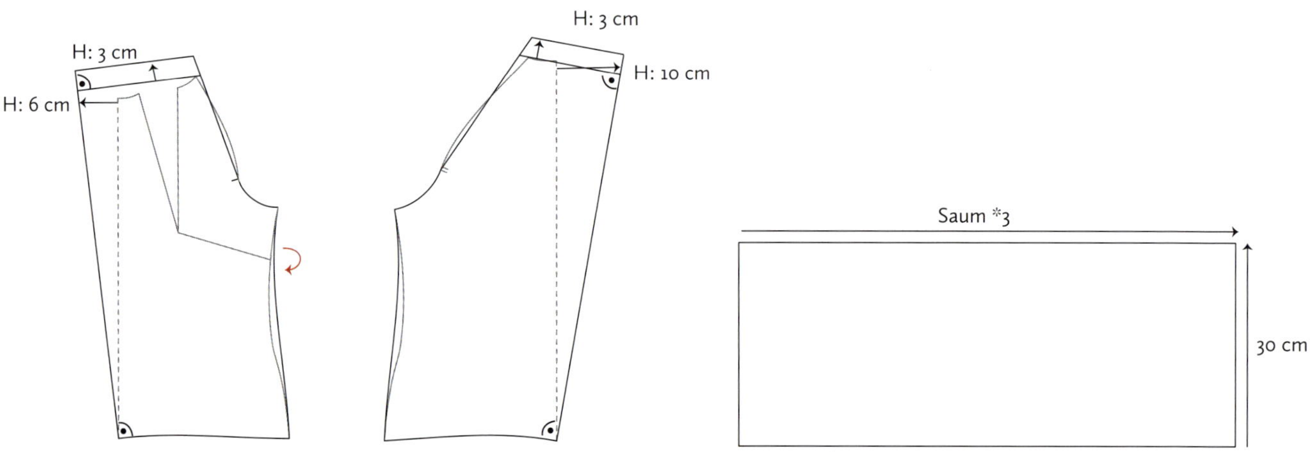

Fertige Schnittteile

Vorderteil **Rückenteil** **Rüsche**

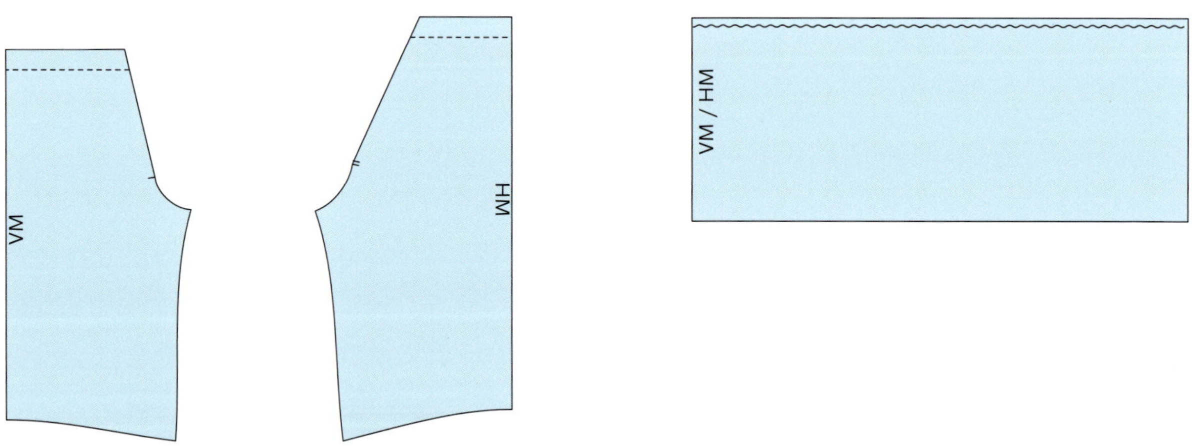

Ärmel

Vorder- und Hinterärmel aneinanderlegen. Den Ärmelsaum um die Manschettenbreite vertiefen und geradestellen. Ellbogenlinie = Markierung für das Gummiband.

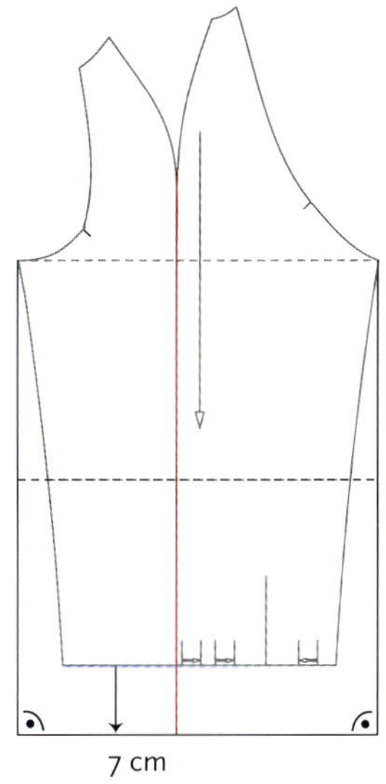

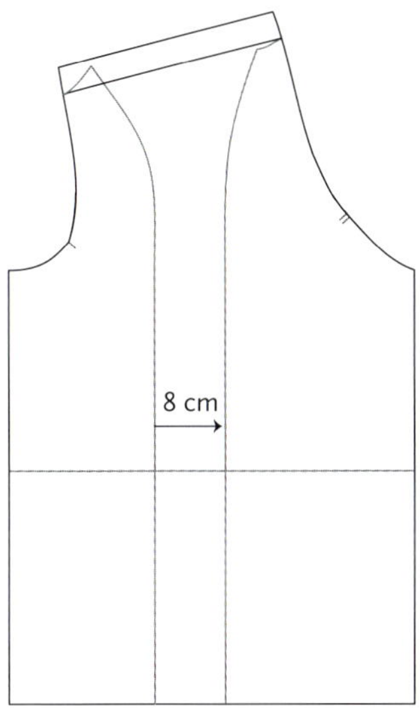

Mehrweite zwischen Vorder- und Hinterärmel legen. Halslochpunkte gerade verbinden und Parallele für den Kragen zeichnen.

Fertiges Schnittteil

Ärmel

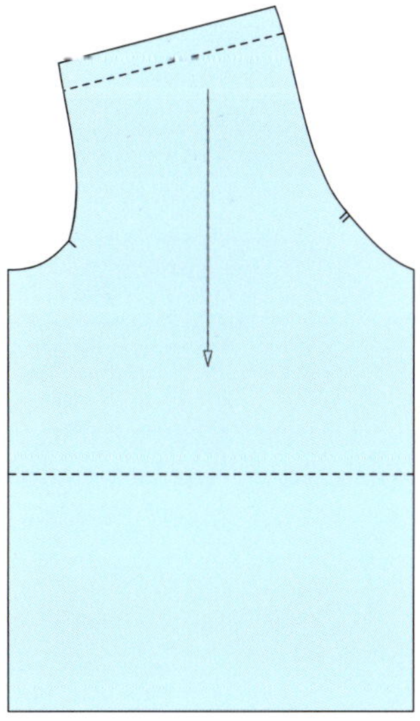

RAGLANBLUSEN

Kurze Carmenbluse mit zweilagigen Glockenärmeln

Details:

- vertiefte Ausschnittlinie
- Raffungen am Halsloch im Vorder- und Rückenteil
- breiter Gummizug in der Taille
- Raglananlage
- zweilagige Glockenärmel

Vorder- und Rückenteil

- **A** Schulterabnäher weg- (siehe Seite 36) und Brustabnäher in die Seitennaht legen (siehe Seite 34).
- **B** Schulternaht auf die originale Naht zurücklegen: Im Vorderteil nach oben legen und im Rückenteil gestrichelte Linie verwenden.
- **C** Beim Ärmel von der Schultermarkierung rechtwinklig nach unten eine Einschneidelinie setzen und einschneiden.
- **D** Raglannaht in Vorder- und Rückenteil zeichnen: vom Halsloch bis zum ÄE.
- **E** Vorder- und Hinterärmel an Vorderteil und Rückenteil anlegen: Die Schnittteile treffen am ÄE aneinander und an der Schulter annähernd aneinander.
- **F** Länge in der hinteren Mitte nach unten abtragen, rechtwinklige Linie Richtung Vorderteil zeichnen.
- **G** In der hinteren Mitte im Halsloch vertiefen und rechtwinklige Linie bis zur Raglannaht zeichnen. Diesen Punkt auch im Hinterärmel markieren.
- **H** In der vorderen und hinteren Mitte jeweils für die Mehrweite eine Parallele zeichnen.
- **I** Brustabnäher in das Halsloch legen.

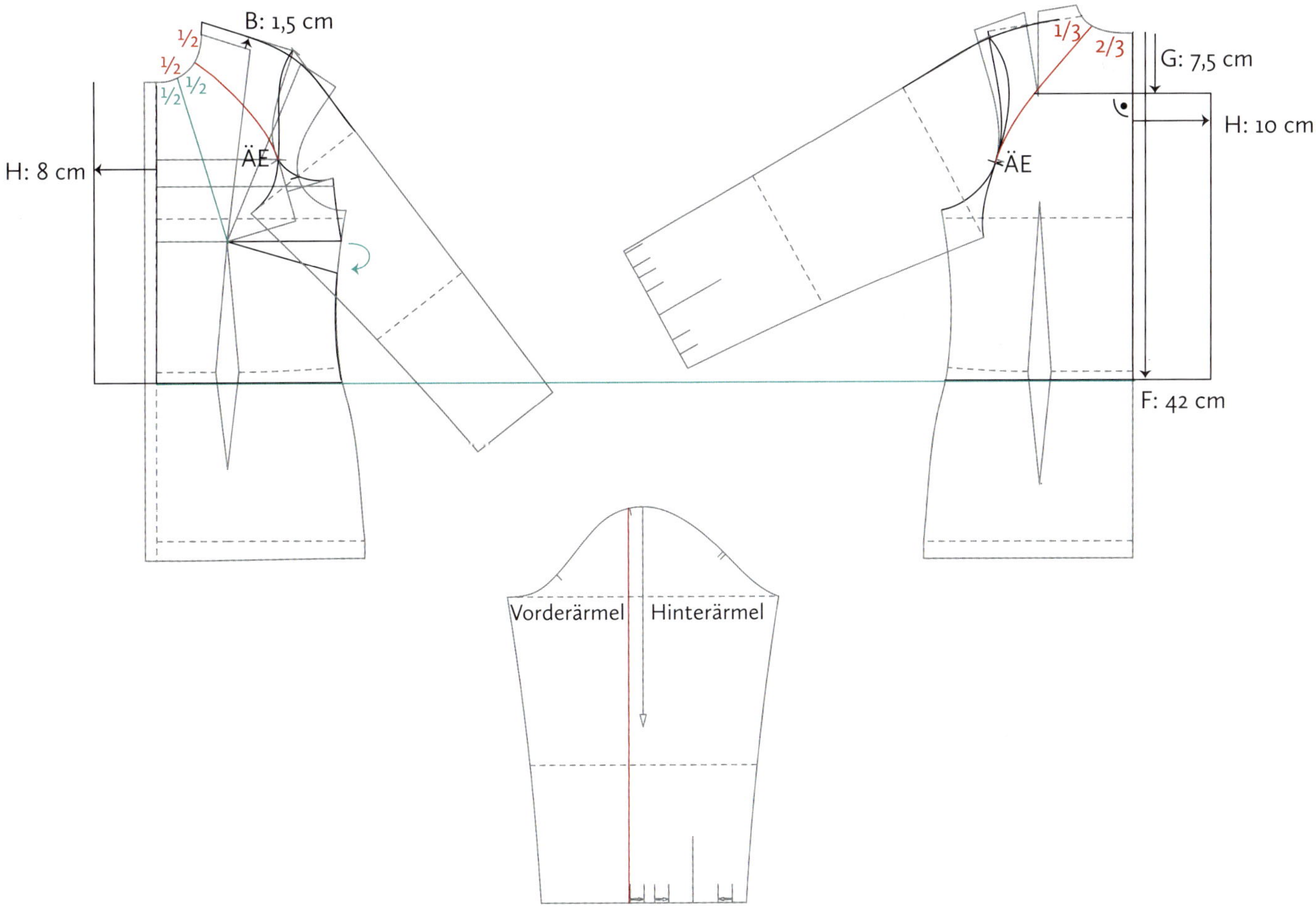

J In der vorderen Mitte im Halsloch vertiefen und rechtwinklige Linie bis zur Raglannaht zeichnen.
K Vertiefung der Raglannaht im Vorderteil messen. Maß notieren.
L Umschlag für den Gummizugtunnel an den Halsausschnitt spiegeln.
M Seitennähte gerade auszeichnen.
N Säume im Vorder- und Rückenteil messen, mit diesen Maßen den Saumbund zeichnen. Die Höhe hängt von der Breite des Gummibands ab, hier haben wir mit einer Gummibreite von 3,5 cm gerechnet.

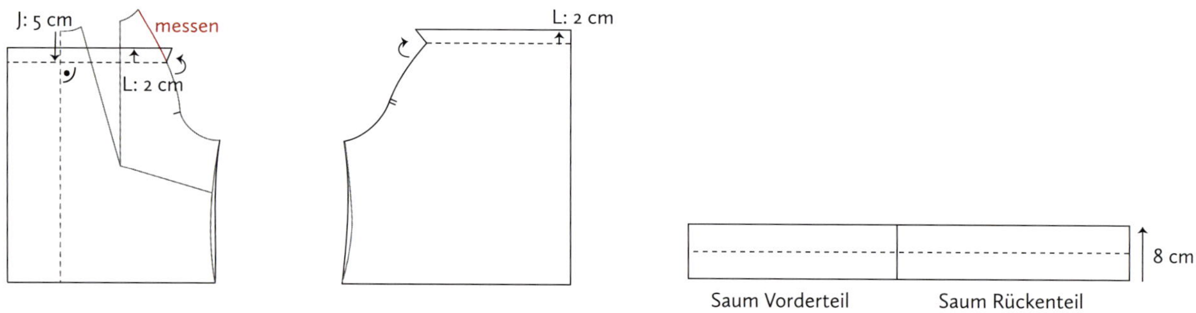

Fertige Schnittteile

Vorderteil

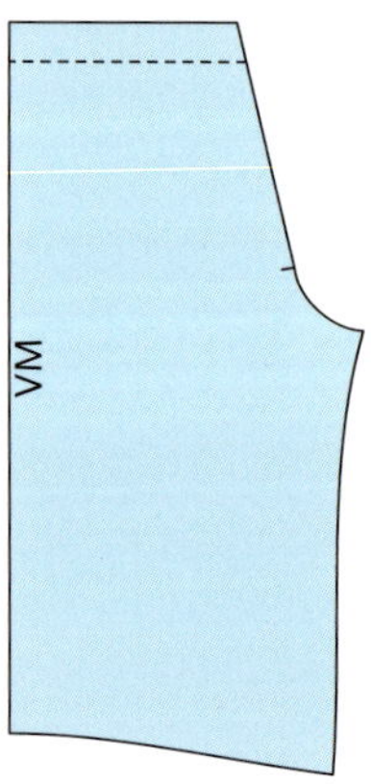

Rückenteil

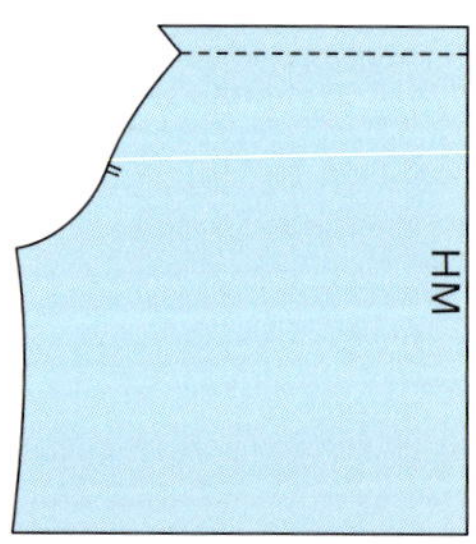

Saumbund

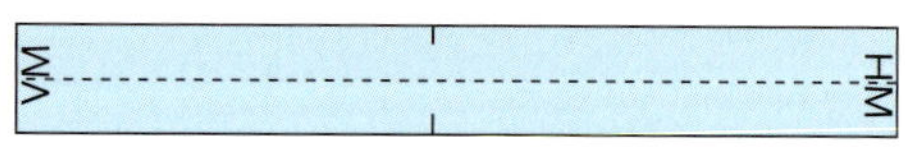

Ärmel

Vorder- und Hinterärmel im Schulterbereich aneinanderlegen, dabei die Rundung etwas überlappen lassen. In der Ragalnnaht des Vorderärmels das notierte Maß von oben abtragen und mit der Markierung im Hinterärmel mit einer Rundung verbinden. In der Ärmelnaht jeweils nach unten gehen und Ärmelsaum mit einer Rundung verbinden. Das entspricht dem oberen (äußeren) kürzeren Ärmel.

Für den unteren (inneren) Ärmel die Saumlinie parallel nach außen verlegen, an den Seiten den Saum verschmälern.

In der Mehrweite im Saum die Hälfte markieren und mit dem Schulterpunkt verbinden = Fadenlauf.

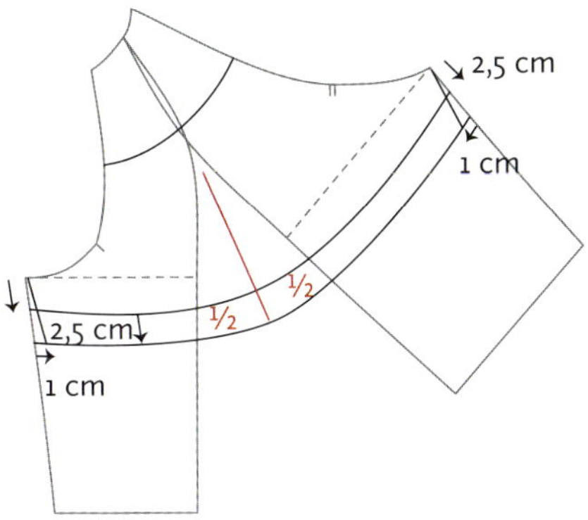

Fertige Schnittteile

oberer Ärmel

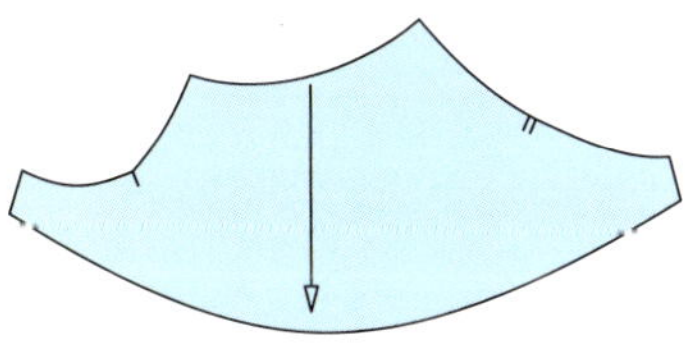

unterer Ärmel

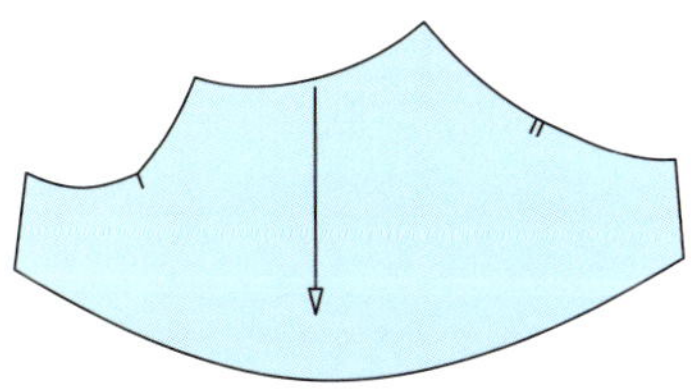

KLASSISCHE BLUSEN

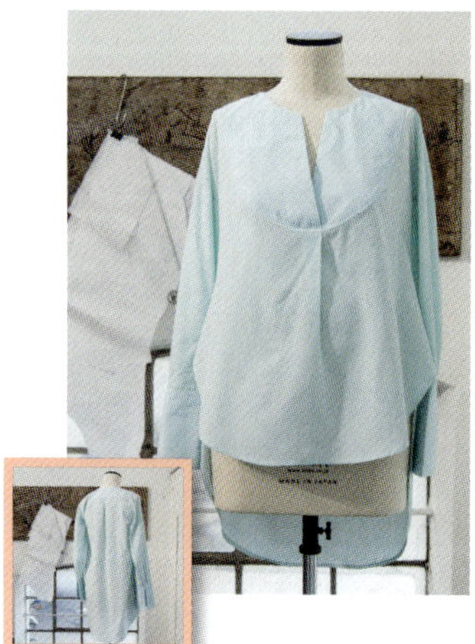

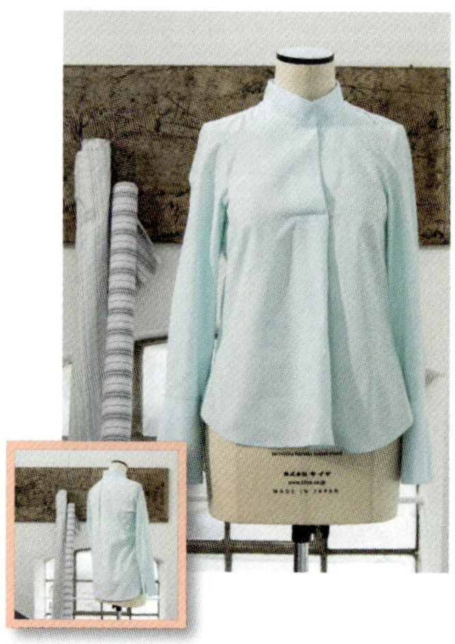

KLASSISCHE BLUSEN

Bei den klassischen Blusenmodellen spielen wir mit Kragenformen, Knopfleistenvarianten, unterschiedlichen Passenformen und Silhouetten. Dabei geht die Passform von körpernah bis luftig weit, wir spielen mit der Länge und so entsteht nebenbei auch ein Hemdblusenkleid. Details wie angenähte Gürtel, aufgesetzte Taschen oder Nahttaschen laden zu vielen weiteren Designideen ein, die weit über die aufgeführten Modelle gehen. Die Klassiker erfordern nähtechnisch etwas mehr Können, aber das Ergebnis lohnt sich.

KLASSISCHE BLUSEN

Bluse mit Prinzessnähten, einteiligem Kragen und angeschnittener Faltenmanschette

Details:

Prinzessnähte (= englische) Nähte
Schlitz in linker vorderer Teilungsnaht
einteiliger Umlegekragen
angeschnittene Knopfleiste mit Biese
angeschnittene Ärmelmanschetten mit abgenähten Falten

TIPP

Die angeschnittene Falte mit Biese wirkt wie eine angesetzte Knopfleiste, ist aber angeschnitten und viel schneller zu verarbeiten.

Vorder- und Rückenteil

A Im Vorderteil bilden Brust- und Taillenabnäher die Teilungsnaht, im Rückenteil werden Schulter- und Taillenabnäher miteinander verbunden. Für etwas Mehrweite werden unterhalb der Taille im Saum die Abnäherendpunkte an den Teilungsnähten nach außen gestellt. An der Taillenlinie, auf Brustpunkthöhe im Vorderteil sowie dem oberen Taillenabnäherendpunkt im Rückenteil Markierungen setzen. Teilungsnaht am Brustpunkt ausrunden.

B Im Vorderteil nach links Parallelen für die Biese und den angeschnittenen Halsbeleg zeichnen, Halslochkante spiegeln. Im linken Vorderteil wird ein Schlitz bis zur Mitte genäht, dies würde man bei der Nahtzugabe berücksichtigen und z.B. 2 x 1 cm zum Einschlagen anzeichnen. Im fertigen Schnittteil zeichnen wir die Biese so an, wie sie genäht wird: rechts von der Knopfleiste. Dazu verlegen wir die vordere Mitte 0,5 cm nach links und zeichnen den Übertritt parallel 1,5 cm nach rechts an und von dort die Parallele für die Biese von 0,5 cm.

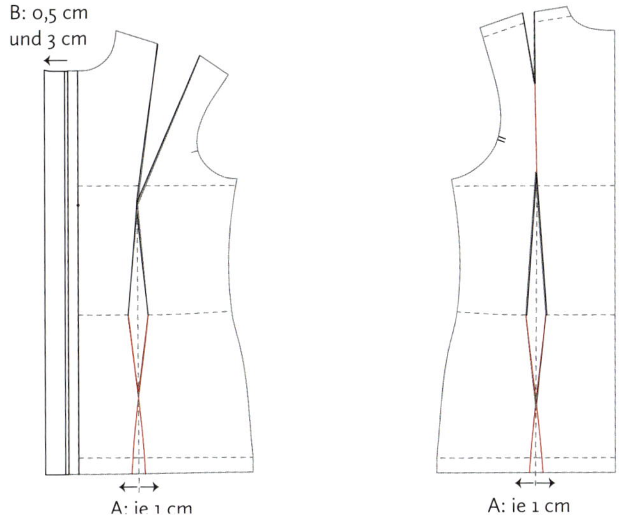

Fertige Schnittteile

mittleres Vorderteil

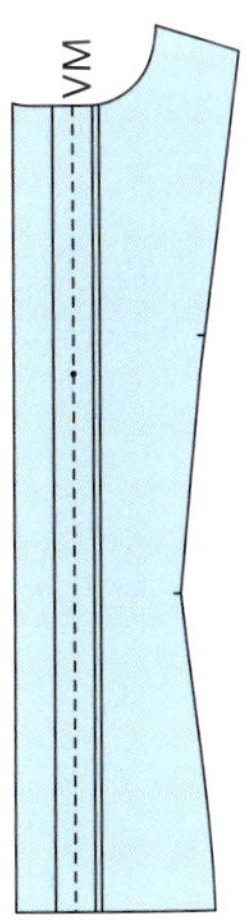

seitliches Vorderteil

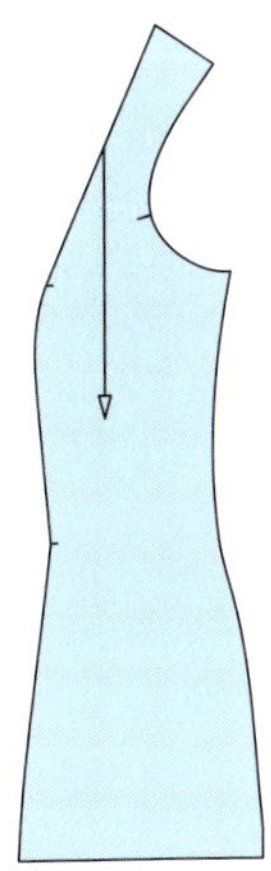

seitliches Rückenteil

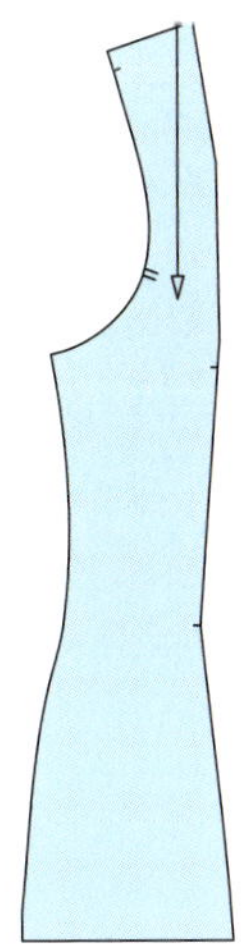

mittleres Rückenteil

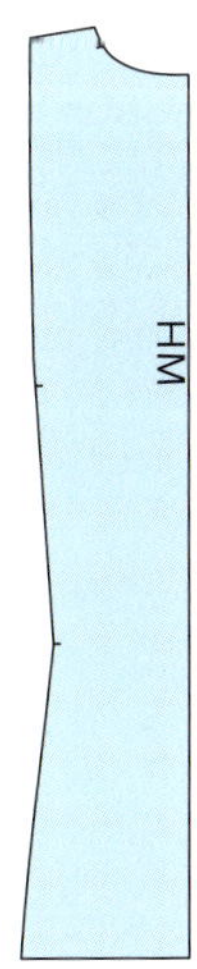

Ärmel

Ärmel an jeder Seite ausstellen und Saum verlängern. Neuen Ärmelschlitz einzeichnen. Der Umschlag soll mindestens so hoch wie der Ärmelschlitz sein, diesen Bereich unten an den Saum spiegeln. Unten im Saum 4 Falten links vom Schlitz und eine rechts davon zeichnen, bis in den Umschlag verlängern.

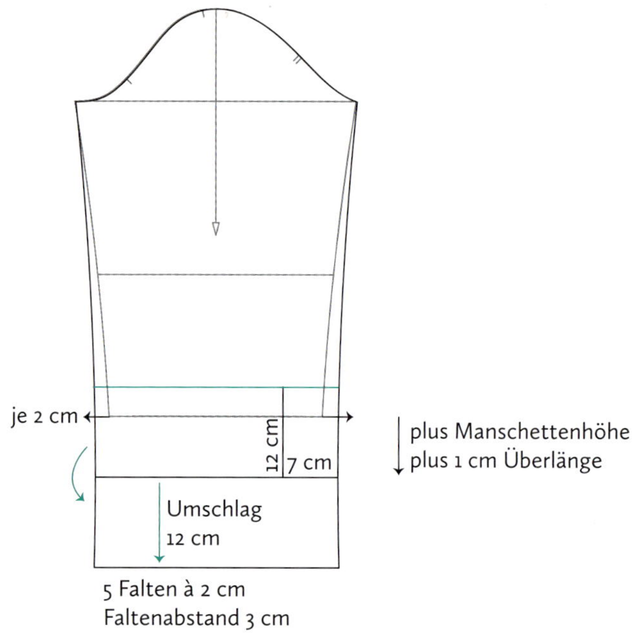

Fertiges Schnittteil

Ärmel

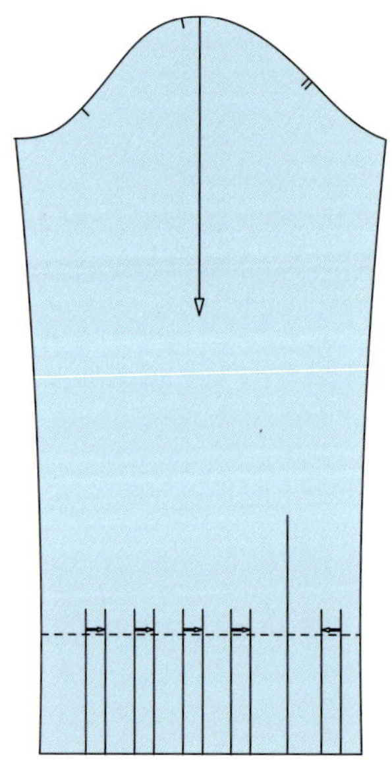

Kragen

Einteiligen Kragen an der Kragenspitze einstellen = Unterkragen. Oberkragen: In der hinteren Mitte des Unterkragen 0,5 cm nach oben verlängern, mit der Kragenspitze verbinden. Diese Mehrlänge (= Rollweite) sorgt dafür, dass sich der Kragen ohne Spannung umlegen lässt.

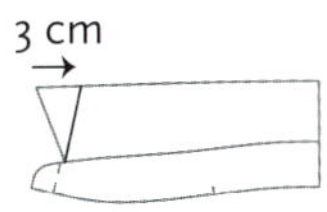

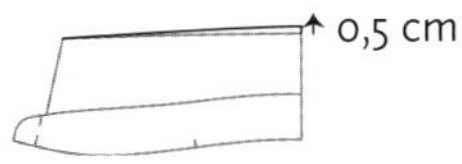

Fertige Schnittteile

Unterkragen

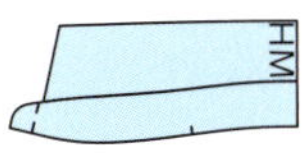

Oberkragen

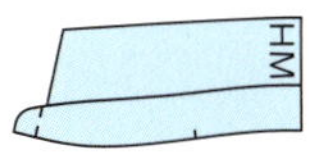

KLASSISCHE BLUSEN

Hemdbluse mit Passe und aufgesetzter Tasche

Details:

Passe
angekräuselte Mehrweite im Rückenteil
angekräuselte Brustabnäher in der Passenaht
aufgesetzte Tasche
verdeckte Knopfleiste
zweiteiliger Kragen
klassischer Ärmelschlitz
gerundeter Saum, hinten etwas länger als vorne

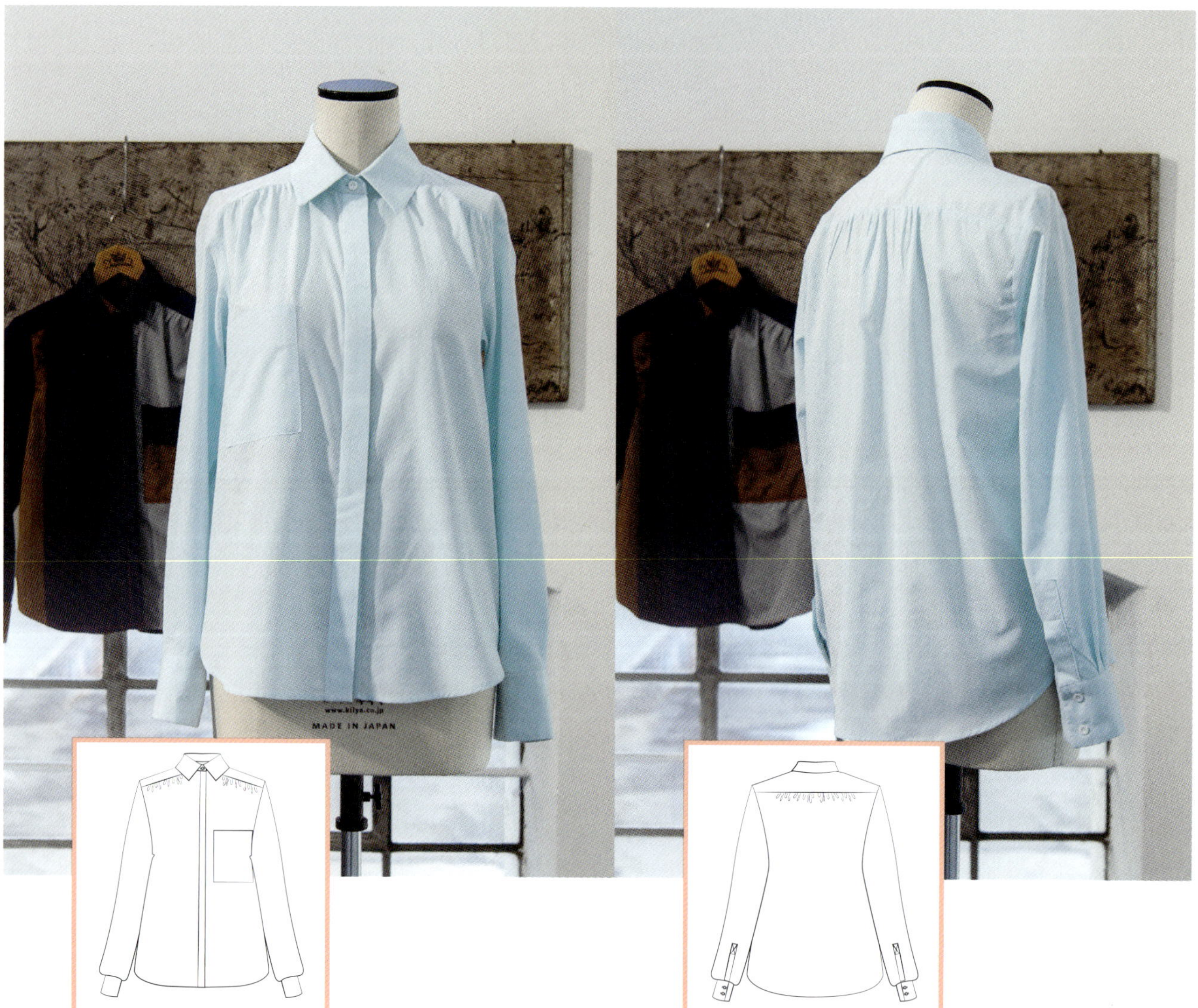

Vorder- und Rückenteil

- **A** Halsloch an der Schulter im Vorder- und Rückenteil jeweils verbreitern und in der vorderen Mitte vertiefen.
- **B** Länge in der hinteren Mitte nach unten abtragen, rechtwinklige Linie Richtung Vorderteil zeichnen. An der Seitennaht von dieser Linie nach oben gehen, auch in der vorderen Mitte. Saum gerundet zeichnen.
- **C** Schulter im Vorder- und Rückenteil verbreitern.
- **D** Das Armloch im Vorder- und Rückenteil vertiefen und verbreitern. Armloch jeweils neu auszeichnen.
- **E** Saum an der Seitennaht ausstellen, Saum und Armlochpunkt gerade verbinden.
- **F** Passennaht im Rückenteil rechtwinklig zur hinteren Mitte zeichnen. Schulterabnäher zulegen (siehe Seite 36). Verlegten Schulterabnäher an der Passennaht ins Rückenteil spiegeln.

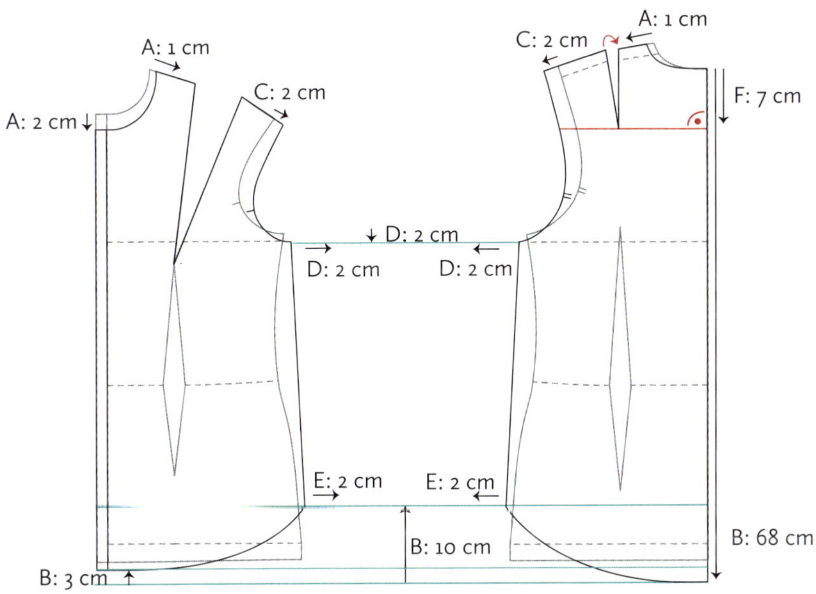

G Für das linke Vorderteil (Knöpfe) Parallele für den Beleg zeichnen, für das rechte Vorderteil (Knopflöcher) zusätzlich 2 x 2,5 cm Parallelen für die verdeckte Knopfleiste ansetzten. Die verdeckte Knopfleiste macht man etwas schmäler als die Blende, damit sie an der Kante nicht hervorblitzt. Saum und Halsloch mit den Kanten verbinden.

H Im Vorderteil Parallele zur Schulternaht zeichnen. Teile herauskopieren und für die Passe an die Schulternaht des Rückenteils legen. Alle Teile verbinden.

I Bei der Passe die Original-Schulterlinie (gestrichelte Linie im Grundschnitt) übernehmen, als Markierungspunkte für den Ärmel und den Kragen.

J In der hinteren Mitte eine Parallele zeichnen und mit dem Rückenteil verbinden. Kräuselmarkierung einzeichnen.

K Position der Brusttasche einzeichnen und Tasche herauskopieren. Bei der Brusttasche am Eingriff einen doppelten Umschlag zeichnen.

L Im Vorderteil den Abnäher als Kräuselmehrweite verwenden, Halslochpunkt und Schulterpunkt mit einer schönen Rundung verbinden. Kräuselmarkierung einzeichnen.

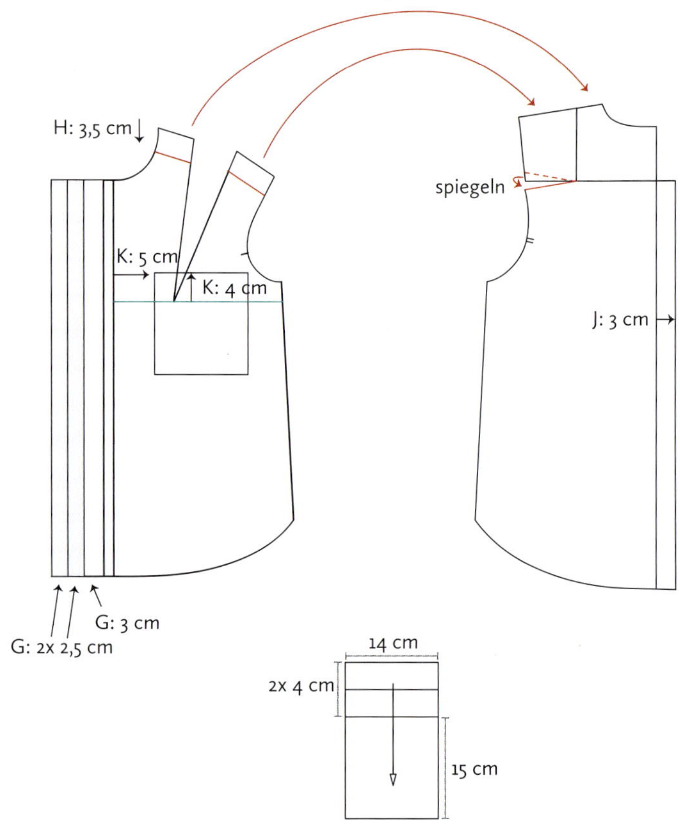

Fertige Schnittteile

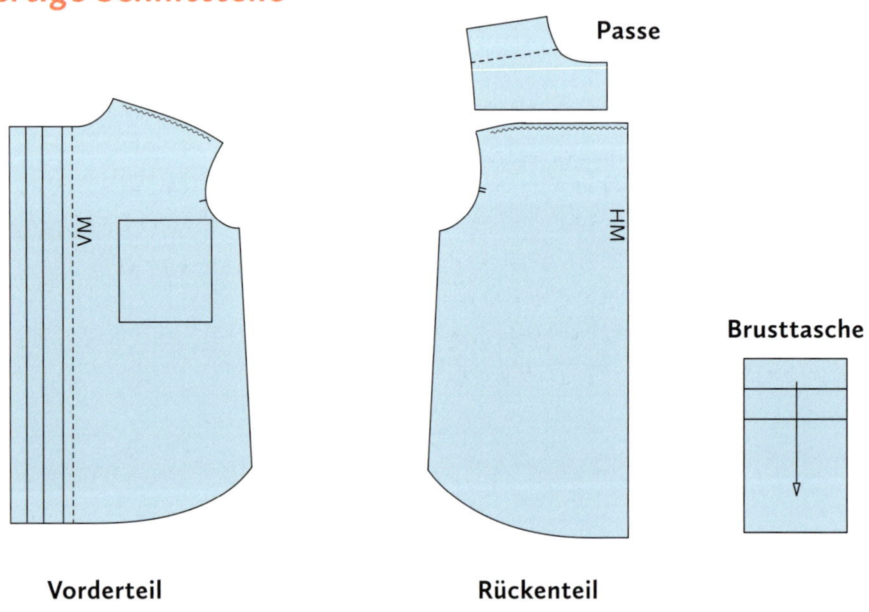

Ärmel

Armloch vertiefen. Armloch im Vorder- und Rückenteil ausmessen und Strecken auf die Armkugel übertragen, wenn nötig, verbreitern und die ÄE verändern.

Ärmelsaum von jeder Seite verschmälern, insgesamt um die Breite der Ärmelschlitzblende. Ärmelnaht neu auszeichnen.

Ärmelschlitzblende und Einfassstreifen zeichnen.

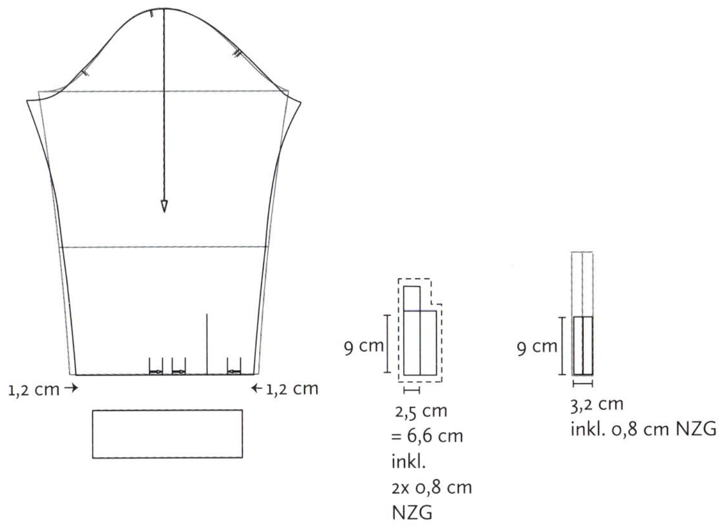

Fertige Schnittteile

Ärmel

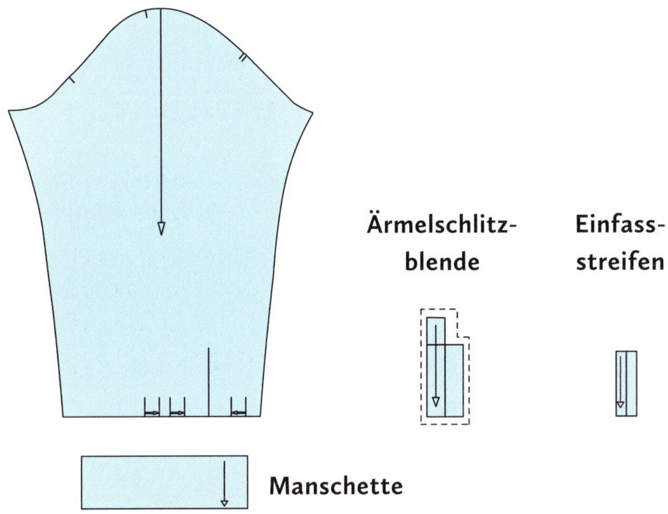

Kragen

Halsloch ausmessen, die Differenz beim Kragensteg in der hinteren Mitte parallel abtragen. Schulterpunkt kontrollieren und wenn nötig, neu setzen. Kragen entsprechend des Kragenstegs anpassen.

Oberkragen: In der hinteren Mitte des Unterkragen 0,5 cm nach oben verlängern, mit der Kragenspitze verbinden. Diese Mehrlänge (= Rollweite) sorgt dafür, dass sich der Kragen ohne Spannung umlegen lässt.

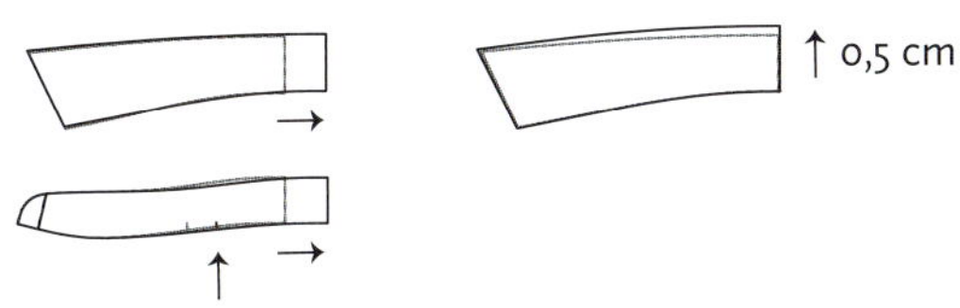

Fertige Schnittteile

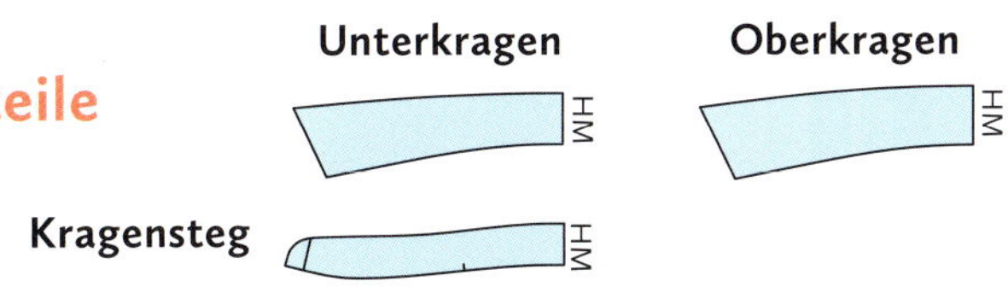

KLASSISCHE BLUSEN

Bluse mit Spatenkragen, Ballonärmeln und Wiener Nähten

Details:

Wiener Nähte
Spatenkragen mit Beleg
Ärmel mit Ballonabtrennung
hohe Ärmelmanschetten
überstehender Ärmelsaum als Schlitz

Vorder- und Rückenteil

A Wiener Naht-Linien in Vorder- und Rückenteil zeichnen: Dabei jeweils am Armloch beginnen, am Brustpunkt etwas außerhalb vorbei, am oberen Rückenabnäherpunkt nach innen versetzt und jeweils in den Taillenabnäher auslaufen lassen. Die Taillenabnäherlinien können leicht gerundet gezeichnet werden.

B Schulterabnäher verlegen: Einen Abnäherschenkel bis zur Wiener Naht verlängern, Linien einschneiden und Schulterabnäher verlegen. Teilungsnaht ausrunden.

C Brustabnäher verlegen: Brustpunkt auf der gleichen Höhe Richtung Wiener Naht verlegen, Linien einschneiden und Brustabnäher verlegen. Teilungsnaht ausrunden.

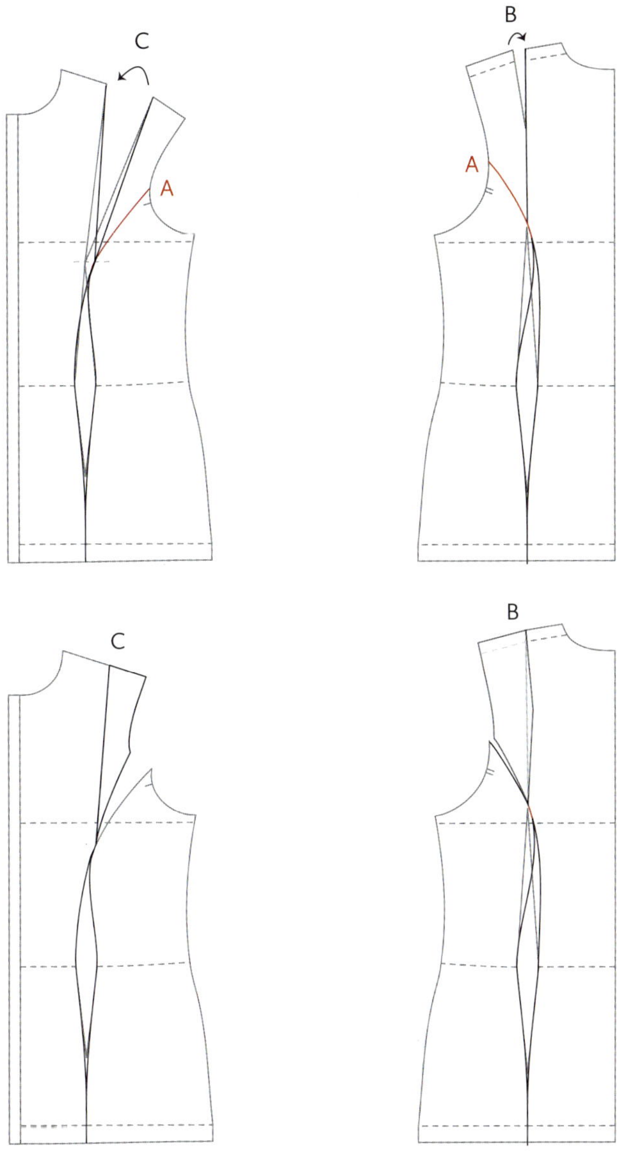

D Da die gerundeten Teilungsnähte leicht unterschiedliche Längen haben, Markierungen an und Saum, Taille, Armloch ausmessen und setzen.

E Spatenkragen an das Vorderteil anlegen.

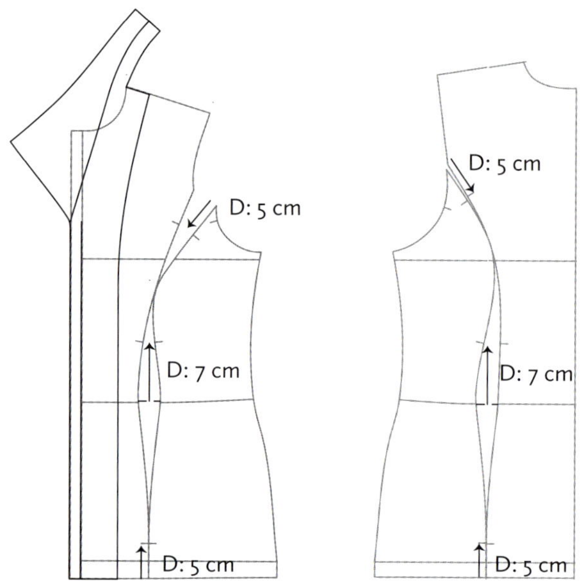

Fertige Schnittteile

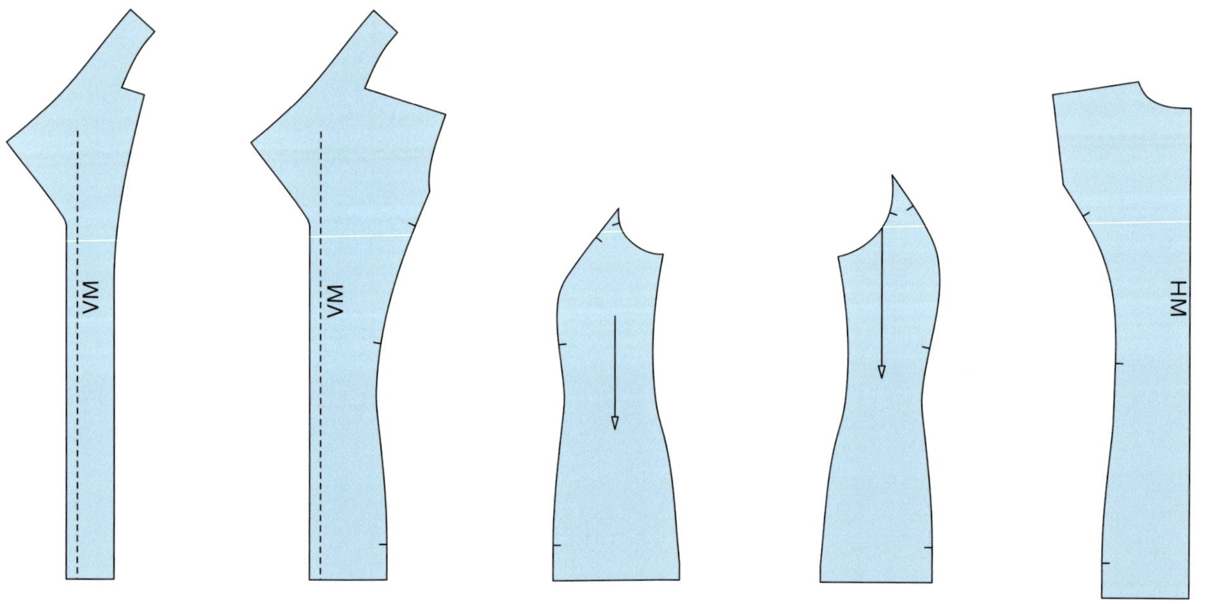

Spatenkragen — **mittleres Vorderteil** — **seitliches Vorderteil** — **seitliches Rückenteil** — **mittleres Rückenteil**

Ärmel

Ärmel im Saum verkürzen und an den Seiten geradestellen. Teilungsnaht unterhalb der Oberarmlinie zeichnen. Manschette erhöhen und Manschettenbreite vierteln.

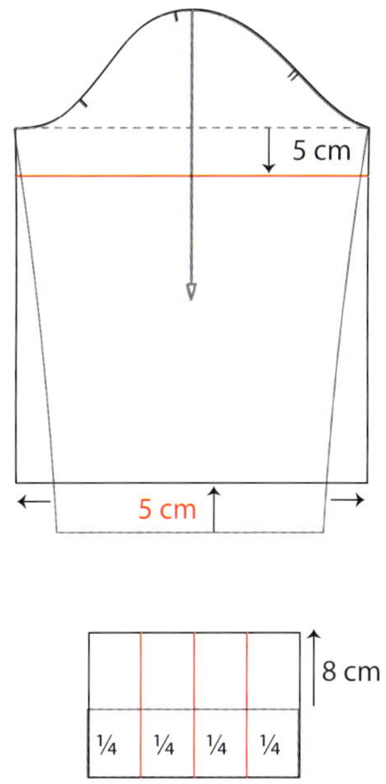

Oberes Ärmelteil abtrennen. Unteres Ärmelteil auf jeder Seite parallel verbreitern. Markierung setzen für den Bereich, der nicht an die Manschette genäht wird und als Öffnung fungiert. Manschette einschneiden und für die Passform am Unterarm nach oben aufdrehen.

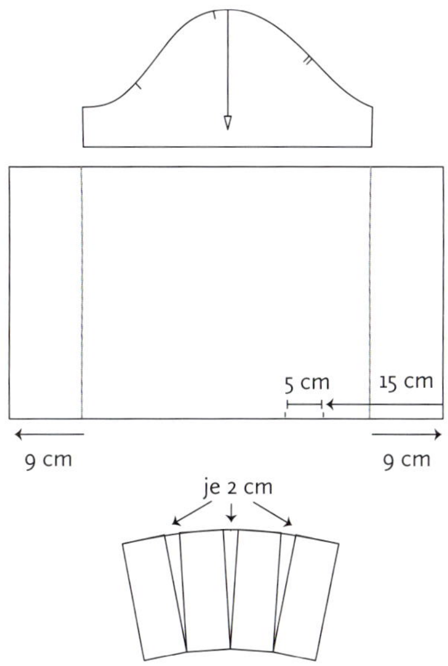

Fertige Schnittteile

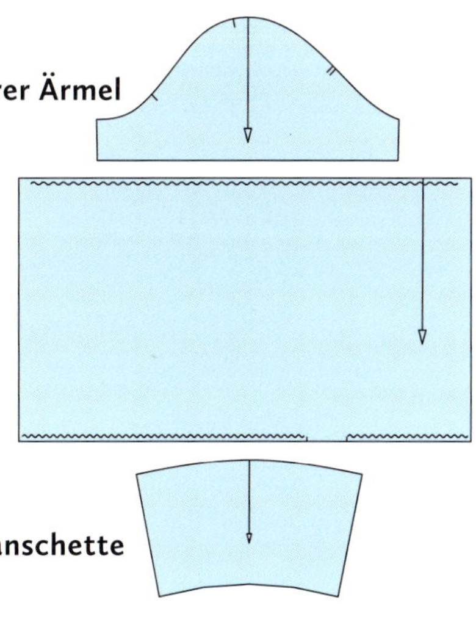

oberer Ärmel

unterer Ärmel

Manschette

KLASSISCHE BLUSEN

Hemdblusenkleid mit doppeltem Kragen, Passe und Gürtel

Details:

unterschiedliche Vorderteile:
schmal mit seitlichem Brustabnäher und ausgestellt
mitgefasster Gürtel im Vorderteil
angesetzte und angeschnittene Knopfleiste
Kellerfalte im Rückenteil
Dreiviertel-Ärmel mit schmaler Saumblende
Nahttaschen
doppelter Kragen

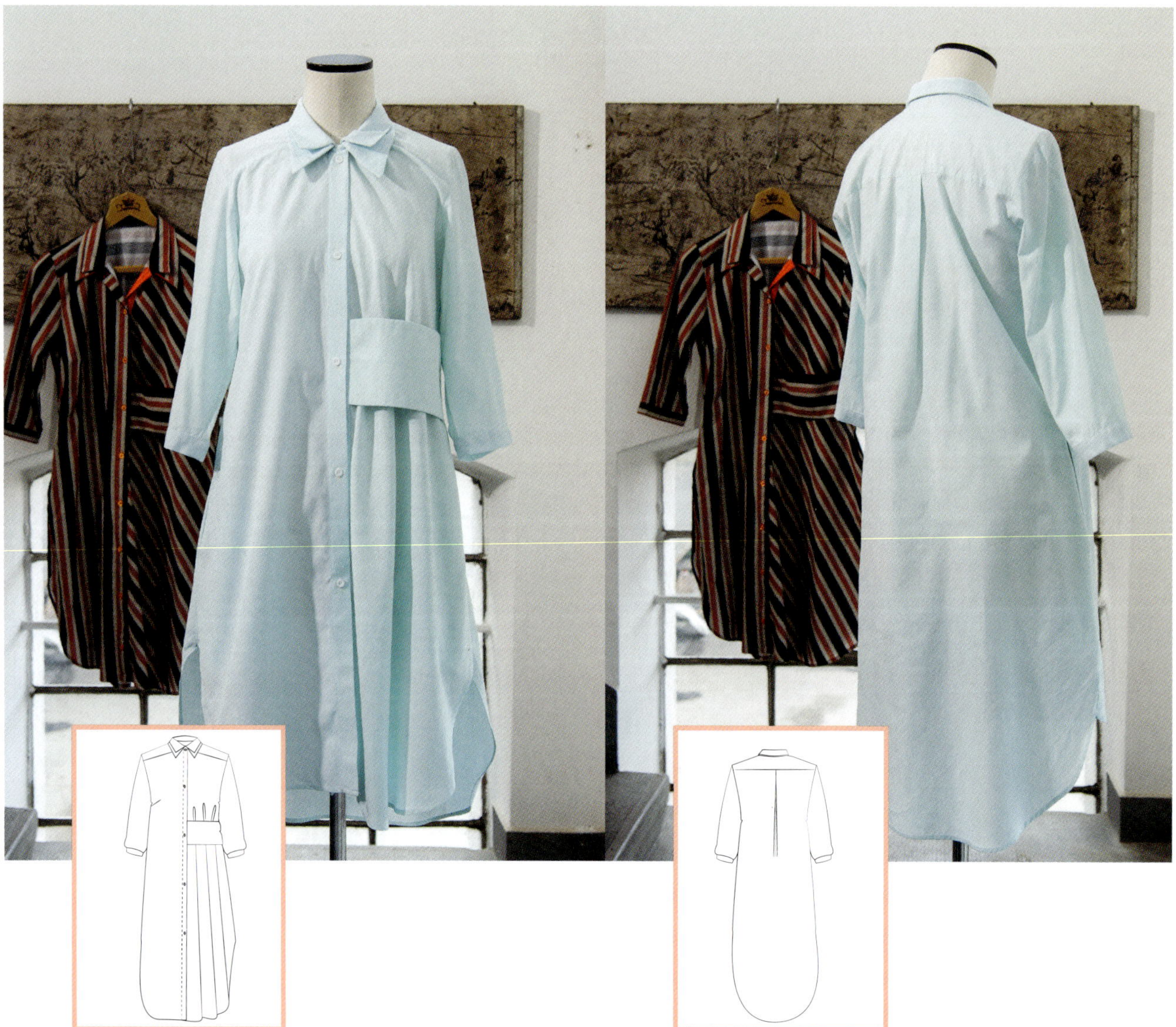

Vorder- und Rückenteil

A Halsloch an der Schulter im Vorder- und Rückenteil jeweils verbreitern und in der vorderen Mitte vertiefen.

B Länge in der hinteren Mitte nach unten abtragen, rechtwinklige Linie Richtung Vorderteil zeichnen. An der Seitennaht von dieser Linie nach oben gehen, auch in der vorderen Mitte. Für die Seitennaht ab der Taille Taillenpunkt und Gesäßpunkt verbinden und verlängern. Saum gerundet zeichnen.

C Schulter im Vorder- und Rückenteil verbreitern.

D Das Armloch im Vorder- und Rückenteil vertiefen und verbreitern. Armloch jeweils neu auszeichnen.

E Passennaht im Rückenteil rechtwinklig zur hinteren Mitte zeichnen, im Vorderteil parallel zur Schulternaht.

F Taschenbeutel für Nahttaschen im Vorderteil einzeichnen, ins Rückenteil übertragen.

G Gürtel einzeichnen bis zur vorderen Mitte: Von der Gesamthöhe an der Taillenlinie eine Parallele um 1/3 der Gürtelhöhe nach unten und um 2/3 nach oben zeichnen. Gürtelteile herauskopieren, dabei Taillenabnäher an den Endpunkten zusammenlegen. Kante an der vorderen Mitte um die Übertrittsbreite nach innen stellen.

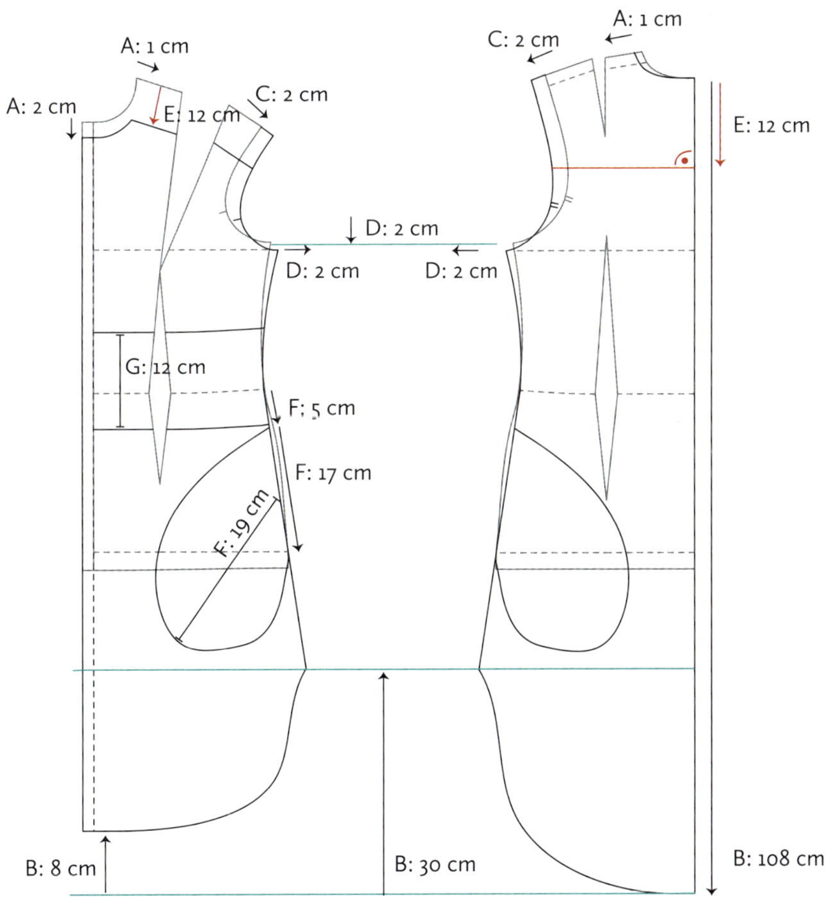

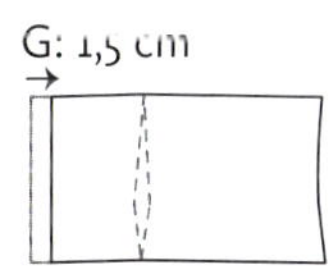

H Den Schulterabnäher vom Rückenteil im Passenteil zulegen. Passenteile vom Vorderteil anlegen. Originalschulternaht (gestrichelte Linie) für die Markierungen übernehmen. Verlegten Schulterabnäher an der Passennaht ins Rückenteil spiegeln.

I Linkes Vorderteil: An der vorderen Mitte die Kante für die angesetzte Knopfleiste um den Übertritt nach innen verlegen. Taillenabnäherlinie nach unten verlängern, Linie einschneiden, den Brustabnäher zudrehen. Die Mehrweite springt unten auf, Saum gerundet auszeichnen. Schrägen Fadenlauf im Vorderteil setzen, dann fällt es glockiger: im 45°-Winkel zur vorderen Kante.

J Im Rückenteil Parallele zur hinteren Mitte für die Kellerfalte zeichnen und mit dem Schnittteil verbinden.

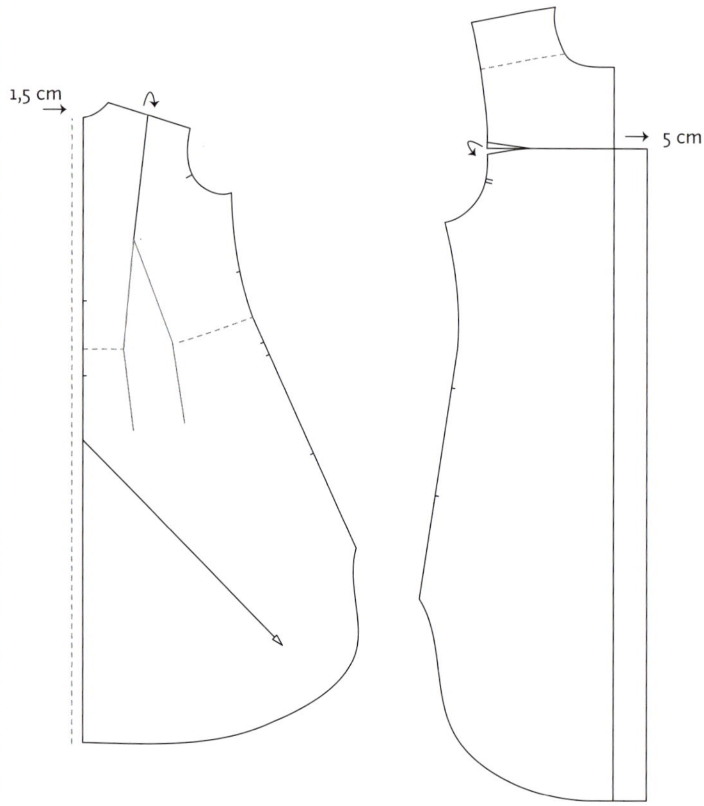

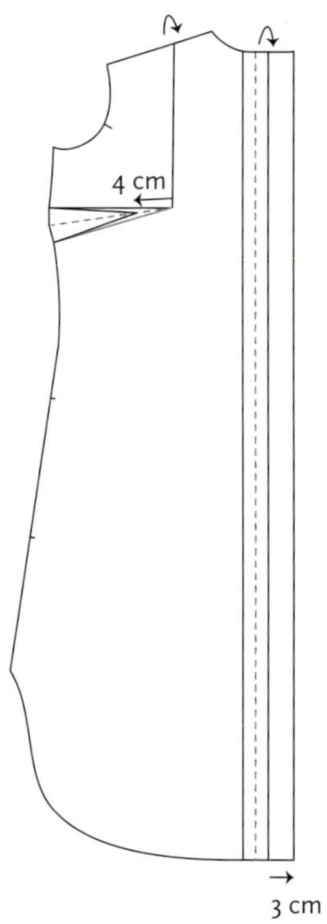

K Das rechte Vorderteil spiegeln und Brustabnäher in die Seitennaht legen (siehe Seite 34). Brustabnäher kürzen und das Abnäherdach zeichnen (siehe Seite 42). Für die angeschnittene Knopfleiste den Beleg (= doppelter Übertritt) parallel zur vorderen Kante nach außen anzeichnen, Halslochlinie spiegeln. Die Knopfleiste dient zusätzlich als angesetzte Knopfleiste für das linke Vorderteil.

Fertige Schnittteile

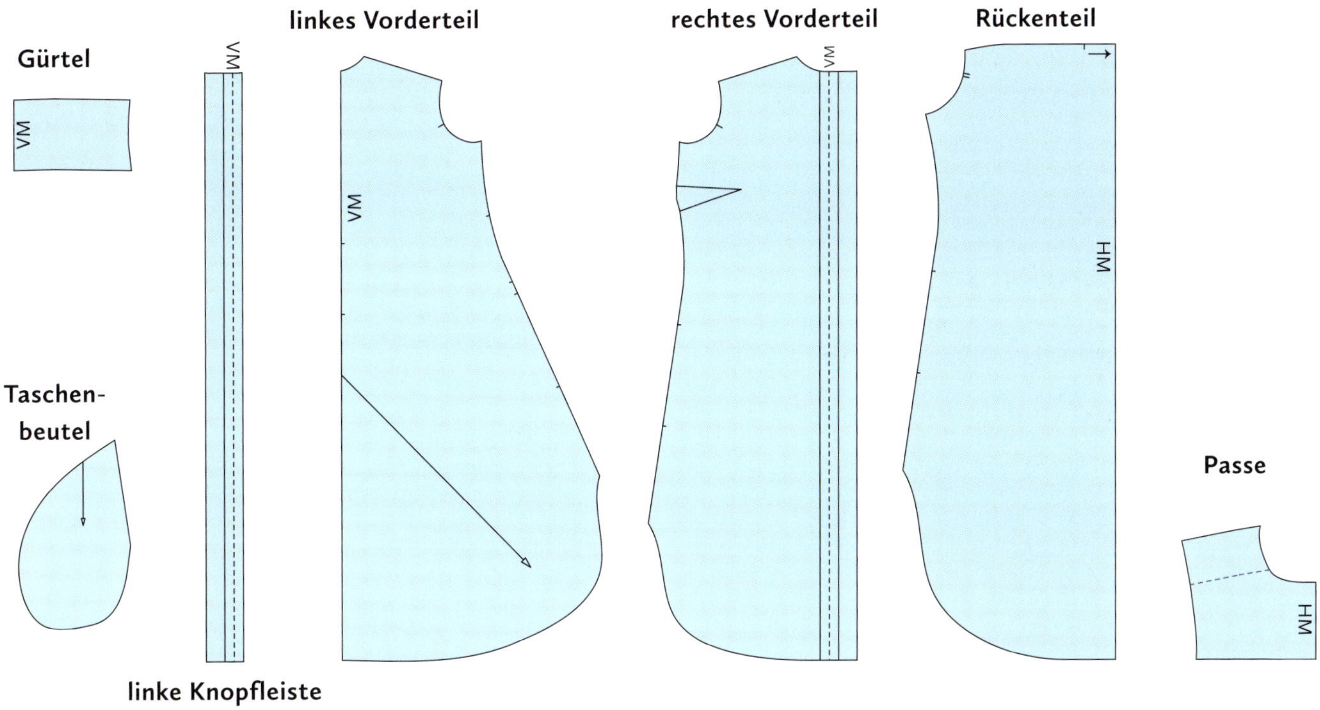

Ärmel

Armloch in Vorder-, Rückenteil und Passe ausmessen und Strecken ausgehend von der Schultermarkierung übertragen. Dabei die Armkugel seitlich erweitern, wenn nötig.

Parallele zur Ellbogenlinie nach unten zeichnen. Ärmelsaum an der neuen Saumlinie an den Seiten und Ärmelnaht neu auszeichnen.

Die Strecke des Ärmelsaums ausmessen und in dieser Länge eine Blende zeichnen und gleich spiegeln für den Umbruch.

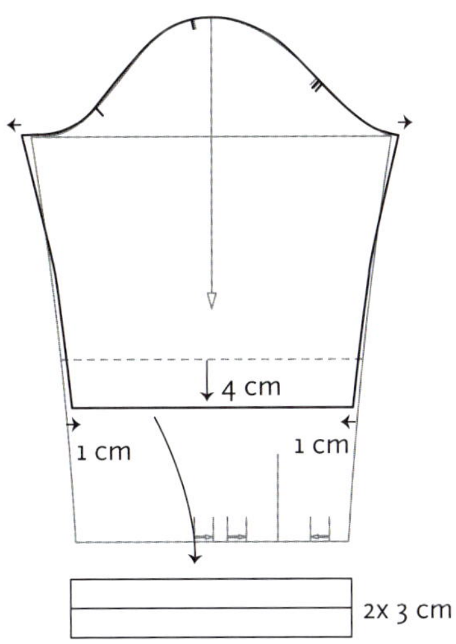

Fertige Schnittteile

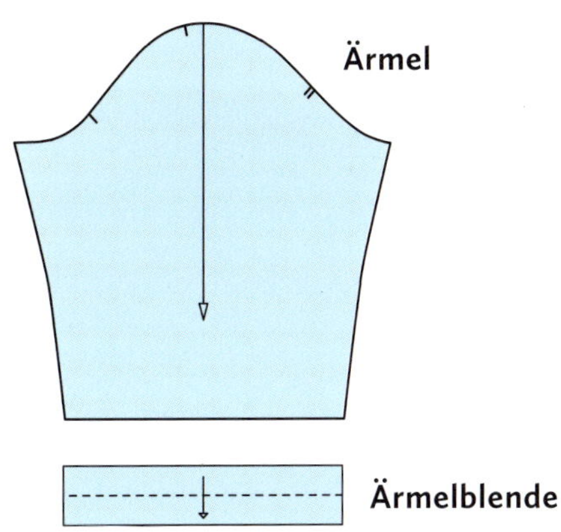

Kragen

Der Kragen wird aus dem Liegekragen gearbeitet und besteht aus drei Teilen: dem unteren, mit der großen Kragenecke, dem oberen mit der kleinen Kragenecke und einem Zwischenkragenteil.

Im Liegekragen die kleinere oben liegenden Kragenecke einzeichnen. Gerade Linien zwischen Umbruch und Kragenpunkt an der vorderen Mitte zeichnen. Großen (unten liegenden) und kleinen (oben liegenden) Kragen jeweils herauskopieren.

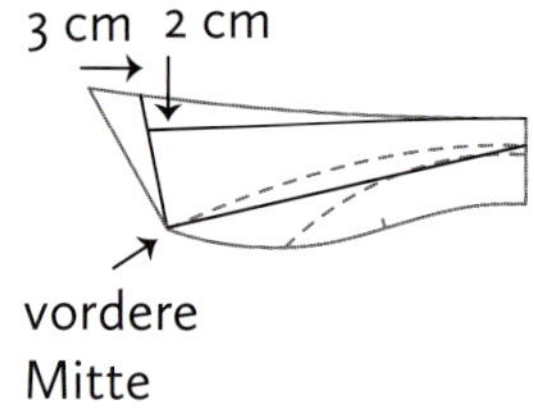

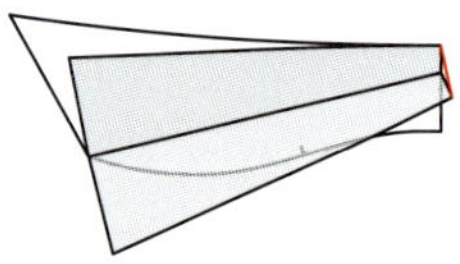

An der gerade Linie den unteren Kragen spiegeln, Zwischenkragenteil mit großer und kleiner Kragenecke herauskopieren. Endpunkt in der hinteren Mitte zu einer gerade Geraden verbinden.

Fertige Schnittteile

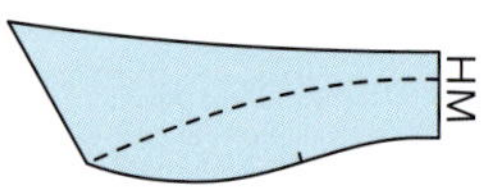

unterer Kragen

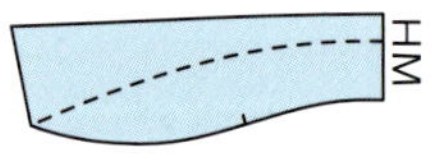

oberer Kragen

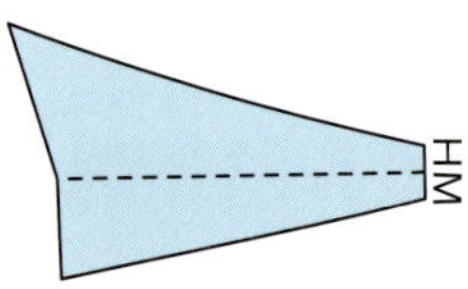

Zwischenkragenteil

KLASSISCHE BLUSEN

Bluse mit doppelter Passe, Kellerfalten und verlängertem Rückenteil

Details:

gerundete Passe im Vorder- und Rückenteil
gelegte Falte im Vorderteil, Kellerfalten im Rückenteil
überschnittene Schultern
übergroße Manschetten ohne Verschluss

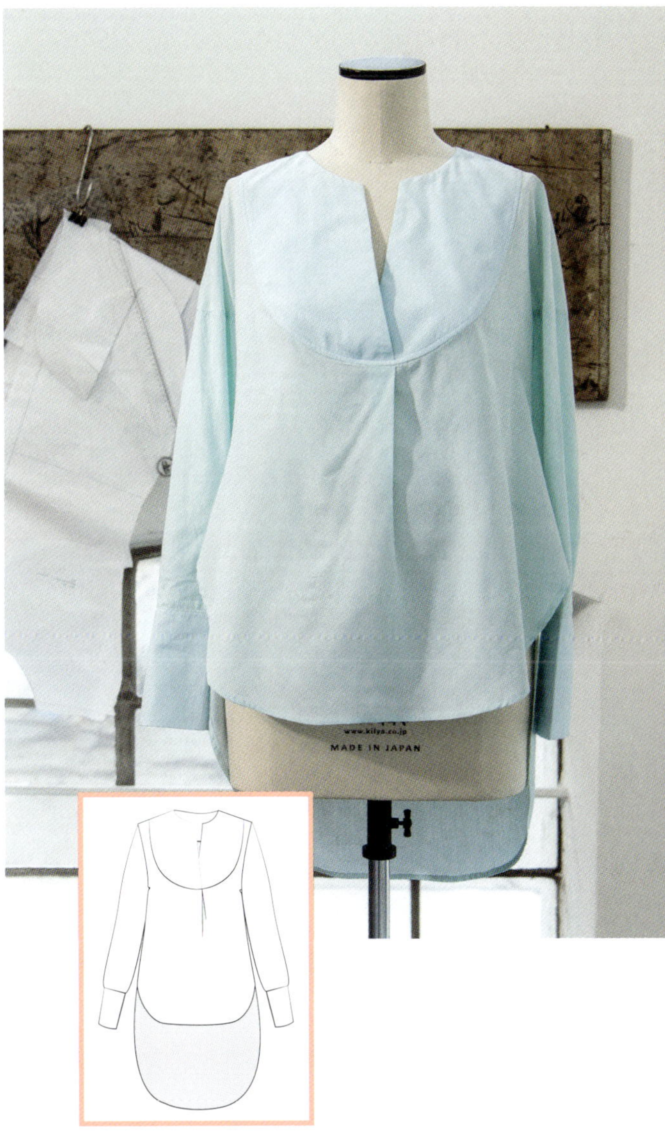

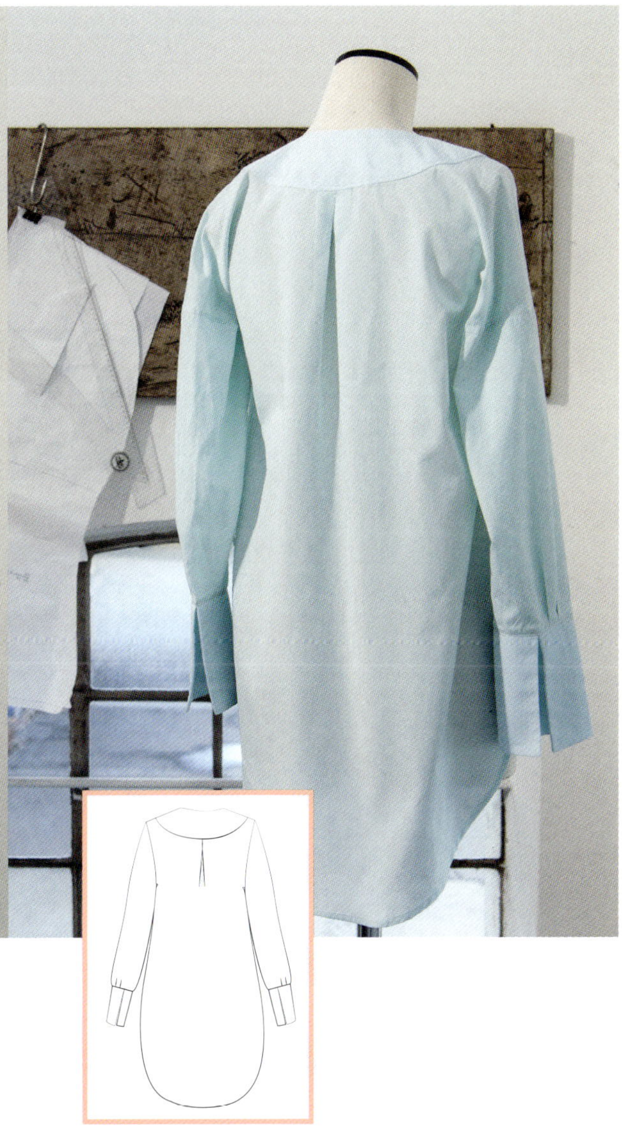

Vorder-, Rückenteil und Ärmel

- **A** Schulterabnäher weg- (siehe Seite 36) und Brustabnäher in die Seitennaht legen (siehe Seite 34).
- **B** An Vorder-, Rückenteil und Ärmel das Armloch vertiefen. Linie zeichnen im Ärmel.
- **C** Kugelhöhe am Ärmel bis zu neuer vertiefter Linie ausmessen (Kugelhöhe). Um dieses Maß die Schultern im Vorderteil und Rückenteil verlängern.
- **D** In Vorderteil und Rückenteil den neuen Schulterpunkt gerade mit der Seitennaht verbinden. Diese Strecke im Vorder- und Rückenteil messen.
- **E** Den Schulterpunkt rechtwinklig auf die neue Ärmellinie übertragen, von rechts und links gemessene Strecken vom Vorder- und Rückenteil bezüglich und zuzüglich Zugabe (= Schulternahtverlegung) abtragen.
- **F** Ärmel verkürzen, die Saumweite übernehmen, indem man sie rechtwinklig nach oben abträgt. Die beiden mittleren Falten nach oben übernehmen und nach rechts bis zum früheren Ärmelschlitz verschieben, die äußere Falte streichen. Die Manschette um die verringerte Faltentiefe erweitern. Manschette nach oben verlängern und für den Umschlag spiegeln.
- **G** Halsloch an der Schulter im Vorder- und Rückenteil verbreitern, in der vorderen Mitte und hinteren Mitte vertiefen.
- **H** Länge in der hinteren Mitte nach unten abtragen, rechtwinklige Linie Richtung Vorderteil zeichnen. An der Seitennaht von dieser Linie nach oben gehen, auch in der vorderen Mitte. Saum gerundet zeichnen.
- **I** Passe jeweils in Vorderteil und Rückenteil einzeichnen, dabei geht die Rundung im Vorderteil durch den Brustpunkt. Den Brustabnäher in der Vorderteilpasse zulegen.
- **J** Von der vorderen und hinteren Mitte jeweils eine Parallele für die Falten zeichnen, mit dem Schnittteil verbinden.

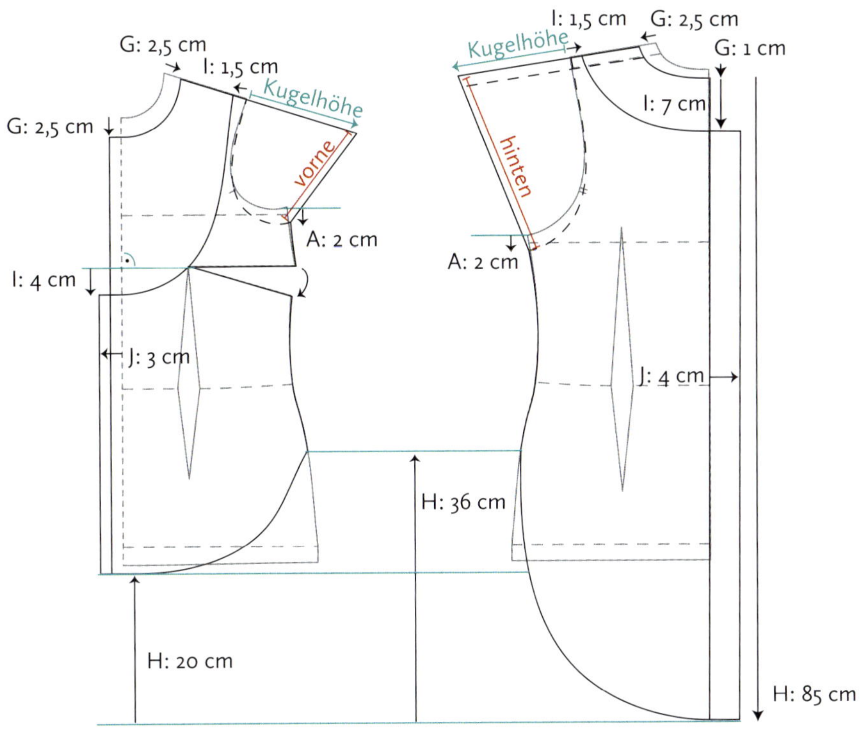

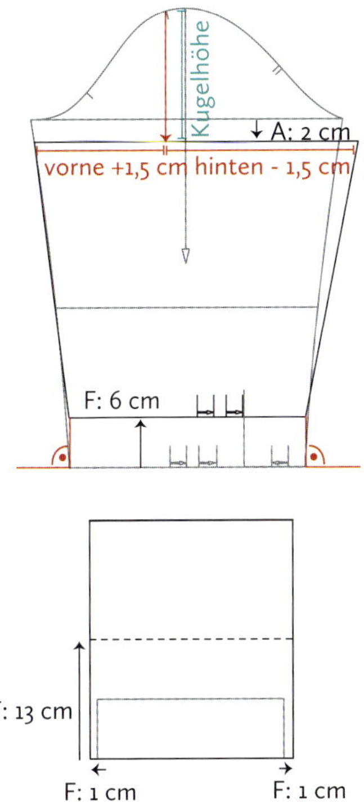

Fertige Schnittteile

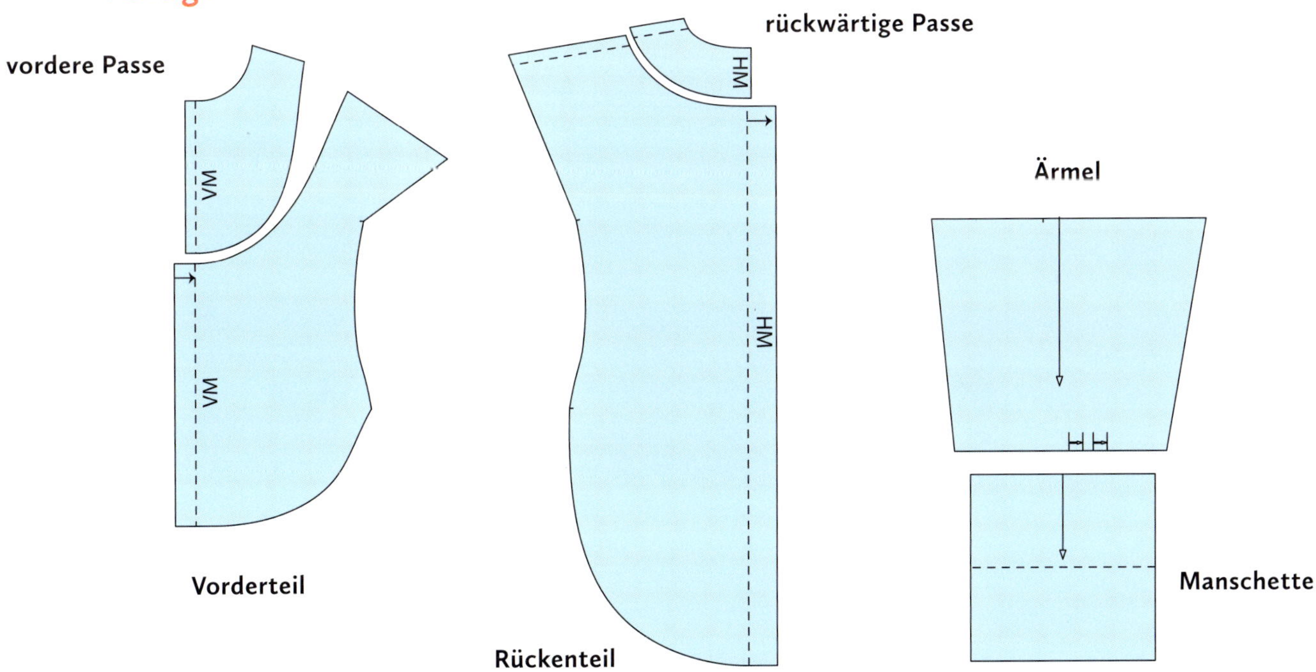

KLASSISCHE BLUSEN

Bluse mit Stehkragen, Falte in der vorderen Mitte und großen Schlitzmanschetten

Details:

- seitliche Brustabnäher
- Stehkragen
- Falte in der vorderen Mitte
- Ärmel mit großer Schlitzmanschette
- Falten im Rückenteil am Halsloch
- Belege im Vorderteil und Rückenteil
- gerundeter Saum

Vorder- und Rückenteil

- **A** Schulterabnäher weg- (siehe Seite 36), Brustabnäher in die Seitennaht legen und um 4 cm verkürzen (siehe Seite 34). Das Abnäherdach zeichnen (siehe Seite 42).
- **B** Halsloch an der Schulter verbreitern und in der vorderen Mitte vertiefen.
- **C** Länge in der hinteren Mitte nach unten abtragen, rechtwinklige Linie Richtung Vorderteil zeichnen. An der Seitennaht von dieser Linie nach oben gehen, auch in der vorderen Mitte. Saum gerundet zeichnen.
- **D** An der hinteren Mitte Parallele für die Falte anstellen und mit Schnittteil verbinden.
- **E** Rückenteilbeleg bis zur hinteren Mitte einzeichnen.
- **F** Rechtwinklige Linie vom Brustpunkt zur Seitennaht = Ausschnitttiefe. Von der vorderen Mitte Parallele für die Falte nach außen zeichnen und mit Schnittteil verbinden.
- **G** Vorderteilbeleg einzeichnen.
- **H** Am Halsloch im Rückenteil Markierung für die Falte ab der hinteren Mitte um die Faltentiefe nach innen setzen.

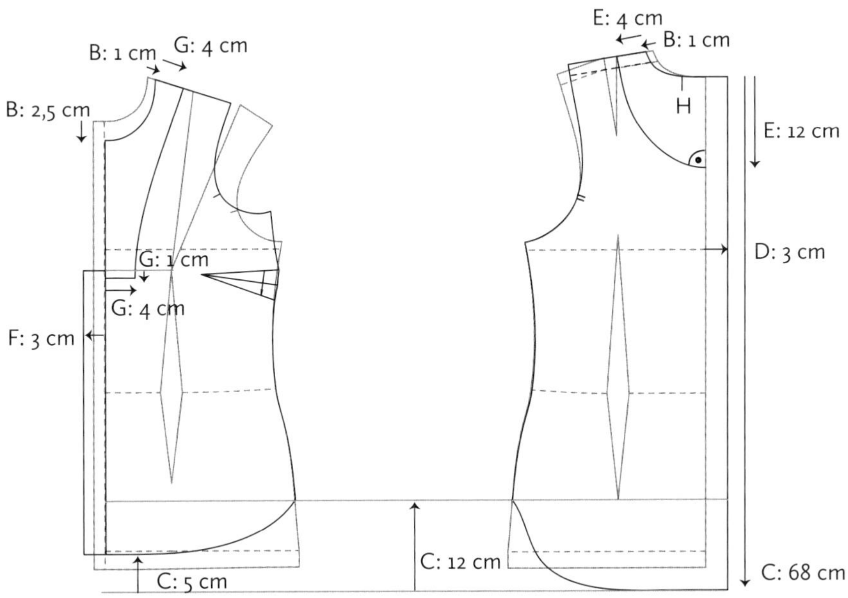

Fertige Schnittteile

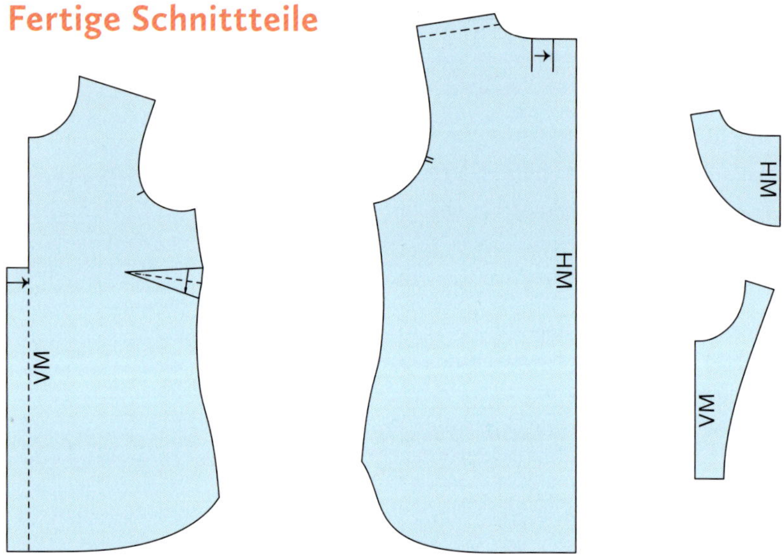

Vorderteil

Rückenteil

Belege

Ärmel
Ärmel verkürzen, die Saumweite übernehmen, indem man sie rechtwinklig nach oben abträgt. Die beiden mittleren Falten nach oben übernehmen, die äußere Falte streichen. Ärmelschlitzmarkierung übernehmen, hier trifft die Manschettennaht drauf.

Die Manschette um die verringerte Faltentiefe erweitern. Manschette nach oben verlängern und für den Umschlag spiegeln. Markierung für den Schlitz setzen.

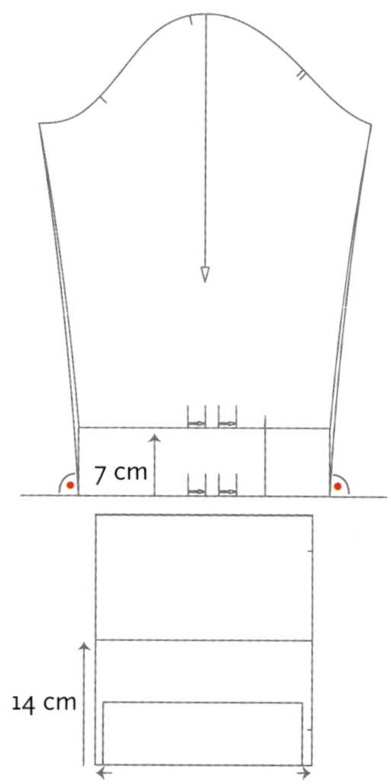

Fertige Schnittteile

Ärmel

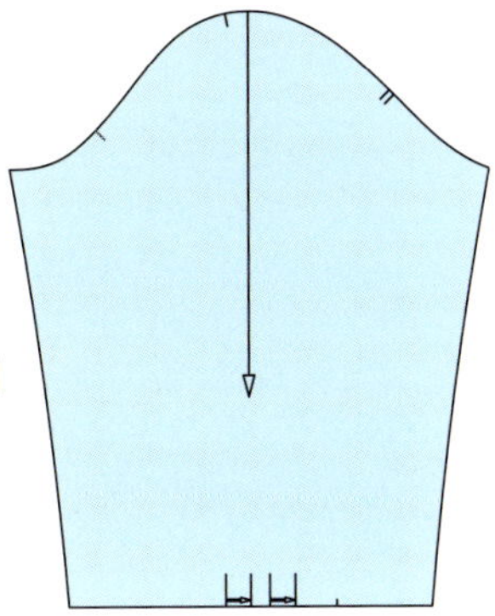

Manschette

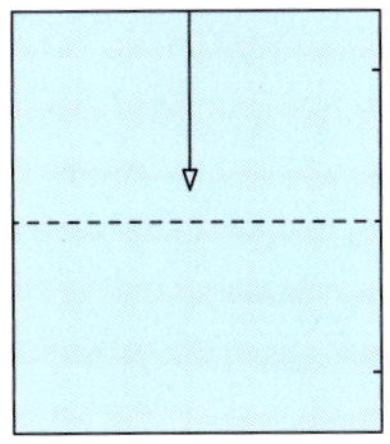

Kragen
Halsloch ausmessen und Differenz beim Stehkragen (= Kragensteg) in der hinteren Mitte parallel abtragen. Schulterpunkt kontrollieren und wenn nötig, neu setzen (siehe Seite 23). Kragen entsprechend des Kragenstegs anpassen.

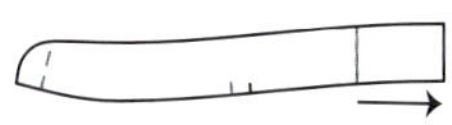

Fertiges Schnittteil

Kragen

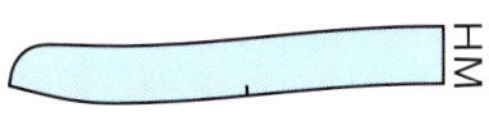

ALLE SCHNITTE IN DIESEM BUCH

BLUSENSHIRTS

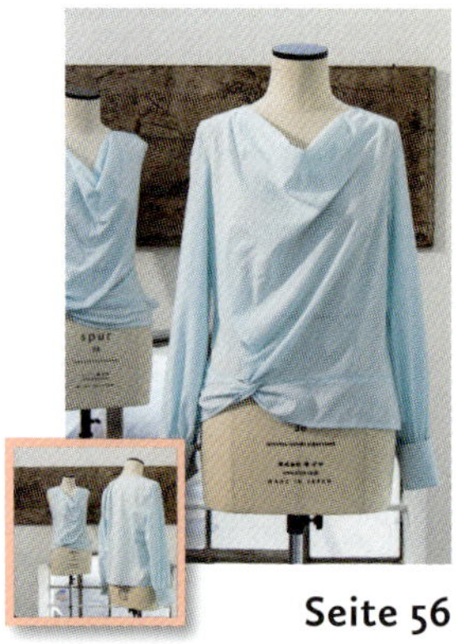

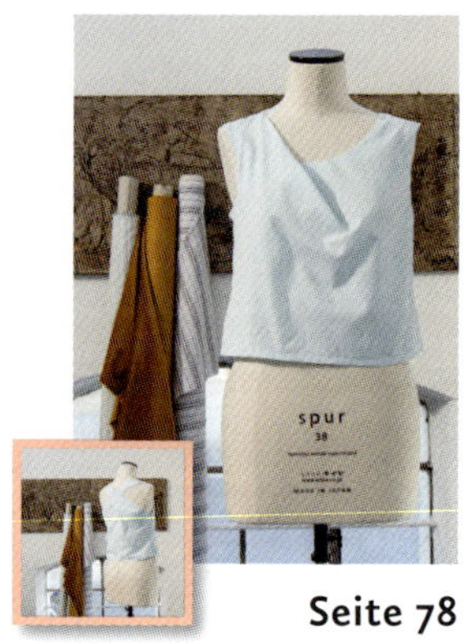

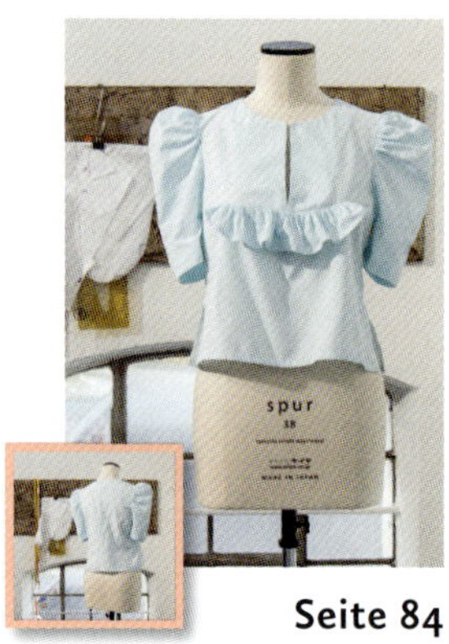

RAGLANBLUSEN

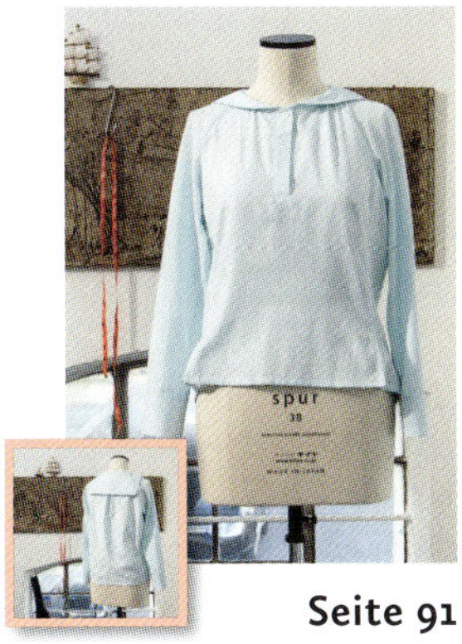

Seite 91

Seite 96

Seite 100

KLASSISCHE BLUSEN

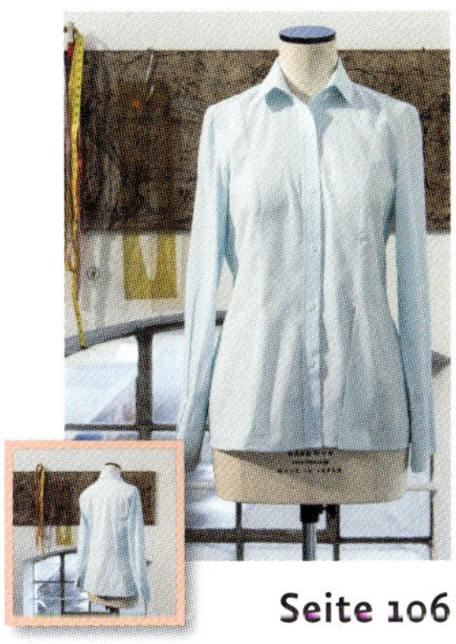
Seite 106

Seite 110

Seite 114

Seite 118

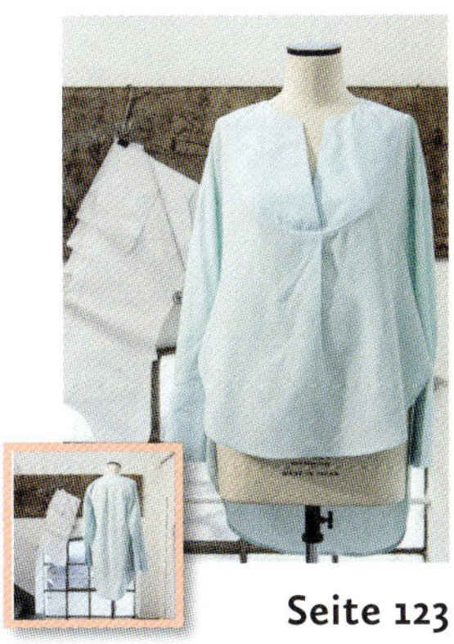
Seite 123

Seite 126

EIGENE BLUSENENTWÜRFE

Lust auf eigene Modelle? So gehen Sie vor:

1. Skizzieren Sie Ihre Idee. Die Skizze muss keinen Preis gewinnen, Sie sollten erkennen, was Sie vorhaben. Details können Sie auch an die Seite schreiben. Recherchieren Sie vorher, wie Sie ihren Entwurf nähtechnisch umsetzen können.
2. Notieren Sie, welche Schnittabwandlungen nötig sind und welche Reihenfolge dafür am besten ist. Vergessen Sie bei Änderungen nicht die Anschlussteile (z.B. Armloch geändert ▸ Ärmel ändern). Sie können sich an der Übersicht auf den Seiten 128 - 131 orientieren, um schnitttechnische Detaillösungen nachzuschlagen.
3. Kopieren Sie den Grundschnitt und zeichnen Sie in die Konstruktion die geplanten Änderungen ein. Zerschneiden Sie die Konstruktionszeichnung NIE.
4. Entwickeln Sie die einzelnen Schnittteile aus Ihrer Konstruktionszeichnung, kopieren Sie die einzelnen Teile heraus; zur Weiterbearbeitung oder um das Schnittteil zu finalisieren.
5. Beschriften Sie Ihre Schnittteile und zeichnen Sie die Fadenläufe parallel zur vorderen, hinteren oder Ärmelmitte ein.
6. Nähen Sie ein Muster. Zeichnen Sie Änderungen gleich am Schnitt ein.
7. Als letzten Schritt fügen Sie an Ihre Schnittteile nur noch die gewünschten Naht- und Saumzugaben, sowie die Markierungen für Knöpfe und Knopflöcher (Seite 44/45) hinzu.

NÄHEN

Bei der Blusen- und Hemdenverarbeitung gibt es eine Vielzahl klassischer Verarbeitungstechniken. Eine kleine Handvoll stellen wir hier vor.

NÄHEN

Ärmelschlitzverarbeitung mit Schrägstreifen

1.
Die klassische Verarbeitung von Ärmelschlitzen bei Damenblusen ist die, den Schlitz mit einem Schrägstreifen einzufassen. Diese Technik lohnt es sich zu üben, da man sie gut auch an anderen Stellen mit Schlitzen verwenden kann, z.B. im Ausschnitt.

2.
Der Ärmel liegt mit der linken Seite nach oben. Den Schrägstreifen rechts auf rechts an den Einschnitt legen – also unter den Ärmel – und eine Seite feststecken. Den Ärmel am Einschnitt so weit aufklappen, dass der Einschnitt eine gerade Strecke ergibt. Den Schrägstreifen an der anderen Seite des Einschnitts feststecken.

3.
Den Schrägstreifen am Einschnitt festnähen, die Nahtzugabe beträgt knapp 1/4 der Breite des Schrägstreifens. Am Einschnitt so lange wie möglich gerade nähen, im letzten Moment die Spitze des Einschnittes auf dem Schrägstreifen etwas nach innen gehen lassen. Anschließend gleich wieder auf die Nahtzugabenlinie kommen. Die Naht ist durchgehend parallel zur Schrägstreifenkante.

4.
Den Schrägstreifen ein- und nach links klappen. Die Kante so bügeln, dass die eben genähte Naht gerade so verdeckt wird. Von der rechten Seite feststecken. Schrägstreifen von der rechten Seite feststeppen, entweder im Nahtschatten oder knappkantig.

5.
Ärmel am Einschnitt rechts auf rechts legen und oben an der Einschnittspitze auf dem Schrägband eine Nase schräg nach unten nähen. Damit wird die fragile Ecke stabil.

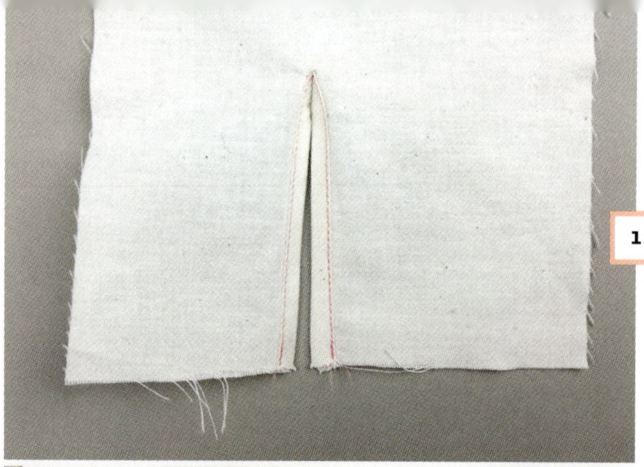
1

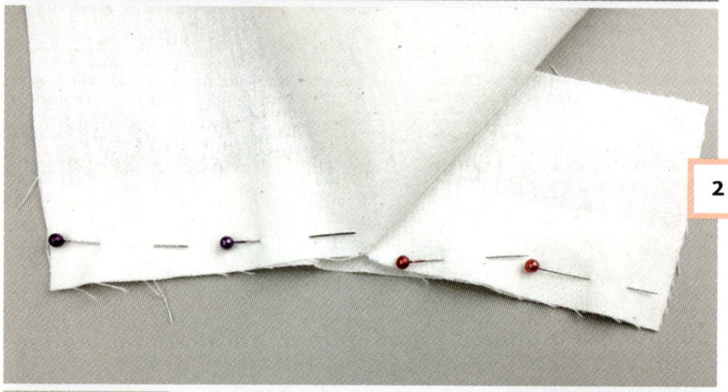
2

3

4

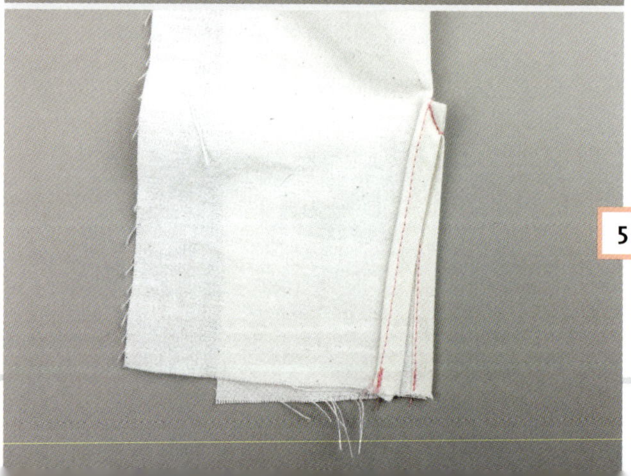
5

1

2

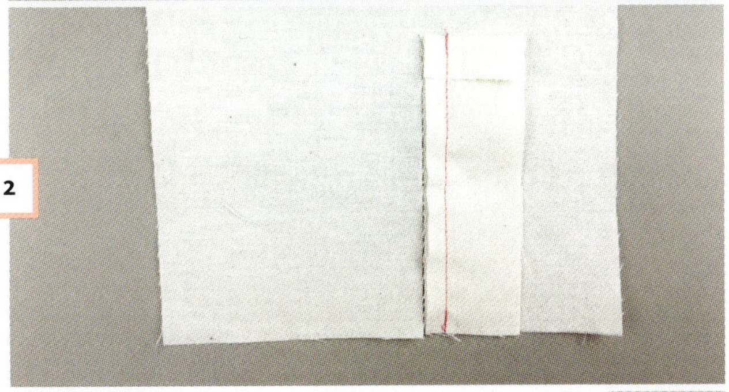

3

4

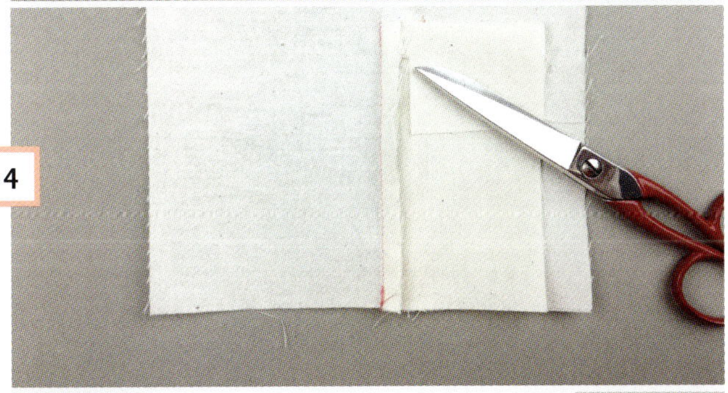

5

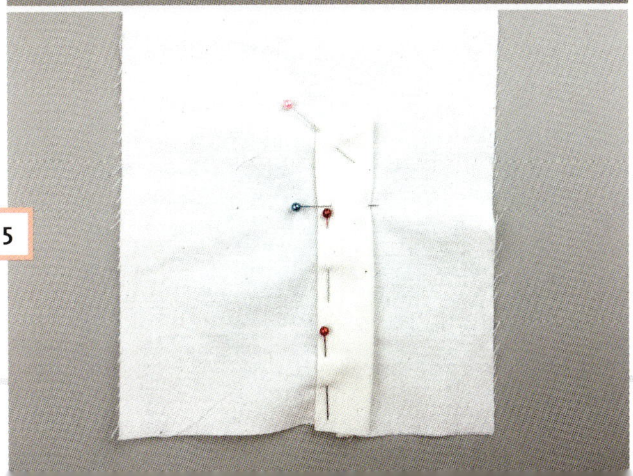

Ärmelschlitzverarbeitung mit aufgesetzter Blende

1.
Die aufgesetzte Blende, der klassische Herren-Ärmelschlitz, kann unterschiedlich verarbeitet werden. Bei unserer Variante ist ein Streifen im Untertritt, es könnte also auch ein kleiner Knopf eingearbeitet werden. Der Streifen kann im geraden Fadenlauf zugeschnitten sein.

2.
Der Ärmel liegt mit der rechten Seite nach oben. Den Streifen oben 1 cm nach links ein schlagen und rechts auf rechts an den Einschnitt legen. Den Streifen am Einschnitt festnähen, die Nahtzugabe beträgt knapp 1/4 der Breite des Streifens. Den Streifen ein- und nach links klappen. Die Kante so bügeln, dass die eben genähte Naht gerade so verdeckt wird. Von der rechten Seite feststecken und feststeppen, entweder im Nahtschatten oder knappkantig.

3.
Der Ärmel liegt mit der linken Stoffseite nach oben. Blende mit der kurzen Seite rechts auf links an den Einschnitt stecken und festnähen.

4.
Oberen Teil der Blende nach unten bügeln und Blende am Einschnitt auf die rechte Ärmelseite legen. Die rechte Stoffseite des Ärmels zeigt nach vorne: Blende im Bereich des Einschnittes einschneiden, so dass man die Blende nach oben klappen kann.

5.
Die Nahtzugaben der Blende oben und an der offenen Kante umbügeln. Die offene Kante am Schlitz feststecken, so dass die eben genähte Naht knapp verdeckt wird. Diese Kante und den oberen Bereich knappkantig festnähen, dabei entsteht ein Viereck.

Dieses Viereck kann mit einem Kreuz gefüllt werden, oder statt einem Viereck kann man oben die Spitzen umbügeln und ein Dreieck nähen.

Manschette

1.
Bei der Ärmelmanschette verstärkt man die innere Seite – bei leichten Stoffen auch die äußere Seite – mit Einlage, damit Knöpfe und Knopflöcher stabil bleiben. Man kann die Manschette ähnlich wie den klassischen Kragen ansetzen (erst eine Naht nähen, dann die andere Kante drüberschlagen), wir zeigen hier aber die schnell-und-einfach Variante.

2.
Die innere und äußere Manschette rechts auf rechts legen und oben beide Teile um die Nahtzugaben nach vorne klappen. Die innere Manschette liegt unten. Unten und an den kurzen Seiten zusammennähen.

3.
Nahtzugaben in den Ecken zurückschneiden und Manschette wenden. Kanten gut ausbügeln. An den oberen offenen Kanten ist die hintere Kante etwas höher als die Vordere. Damit ist beim Annähen gewährleistet, dass die hintere Kante auf alle Fälle mitgefasst wird.

4.
Falten im Ärmel feststecken. Wurde der Ärmelschlitz mit Schrägstreifen verarbeitet, den Streifen an der Seite, die über die andere schlägt, nach links einschlagen. Ärmelkante in die Manschette schieben, darauf achten, dass es an den Kanten schön bündig liegt.

5.
Von der rechten Seite feststecken und knappkantig feststeppen. Knöpfe und Knopflöcher 1 cm von der Kante entfernt anzeichnen.

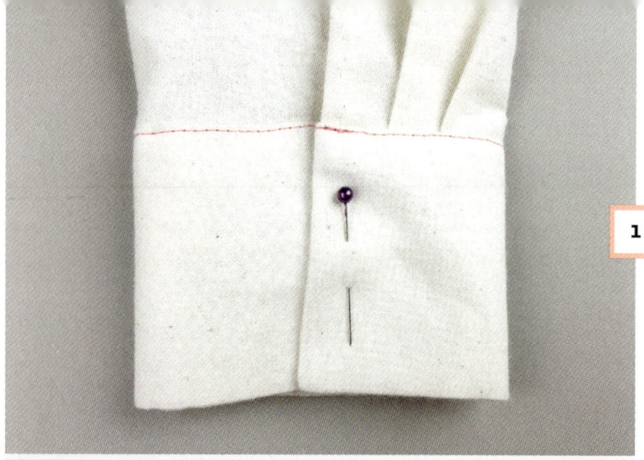

1

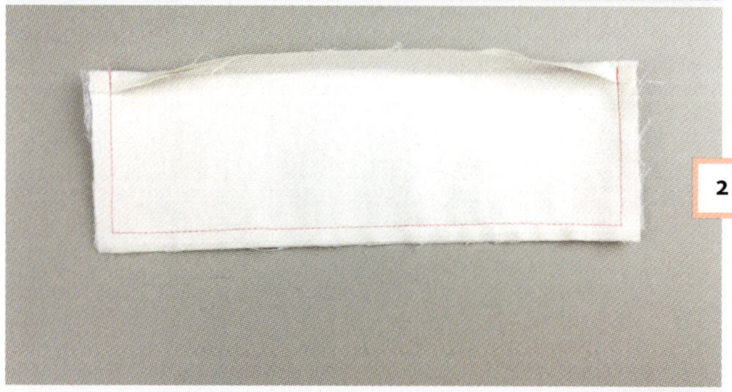

2

3

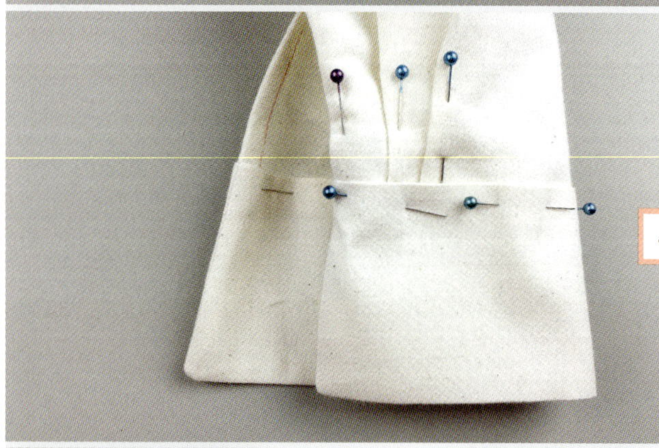

4

5

1

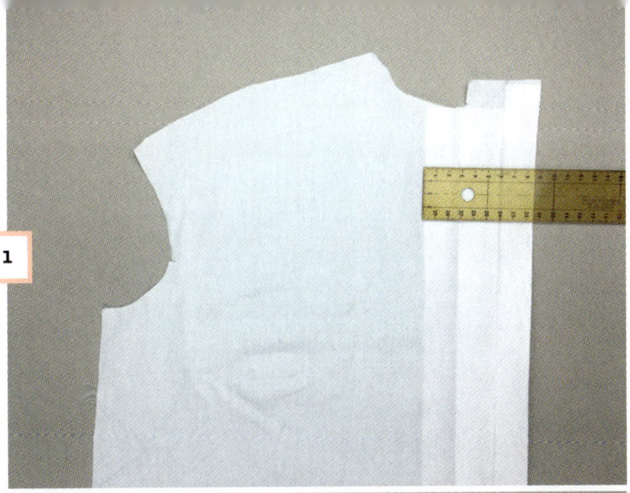

2

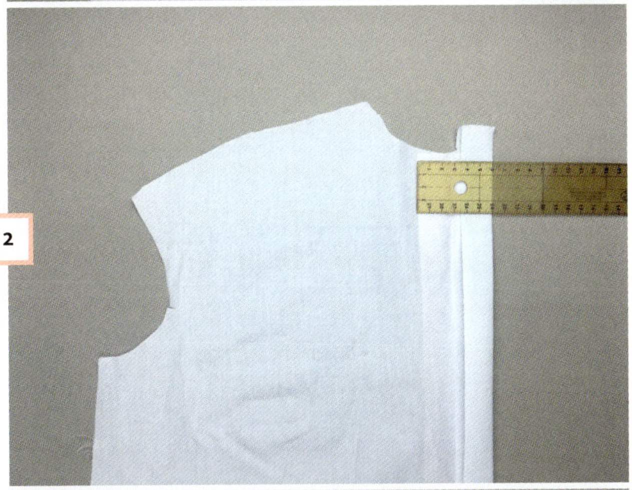

3

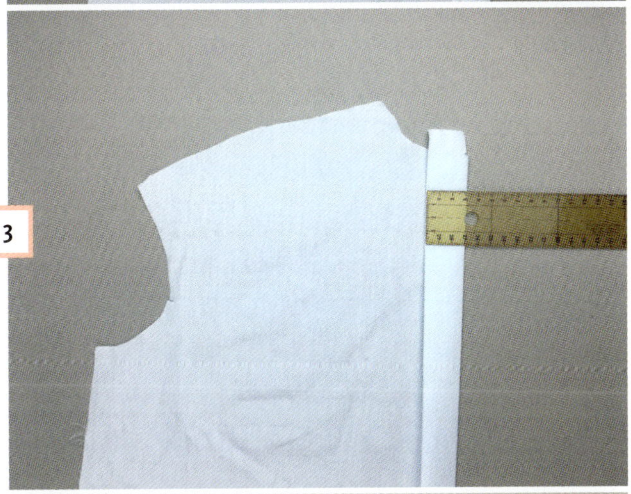

4

Angeschnittene Knopfleiste

1.

Bei der angeschnittenen Knopfleiste vergrößert man die Nahtzugabe fast auf Umschlaggröße, damit werden Knöpfe und Knopflöcher stabiler. Beispiel: Der Umschlag beträgt 3 cm, die Nahtzugabe, die eingeschlagen wird, wird mit 2,5 cm gezeichnet. Ab der vorderen Kante erhöhen wir im Halsloch die Nahtzugabe (ca. 2-3 cm). Damit gehen wir auf Nummer sicher, falls sich die gespiegelte Halsloch-Rundungslinine verzieht (z.B. beim Aufbügeln der Einlage). Das letzte Stück der Halslochrundung wird erst zum Schluss zurückgeschnitten.

2.

Zunächst die Nahtzugabe (= 2,5 cm) nach links einschlagen und bügeln.

3.

Den Umschlag (= 3 cm) nach links schlagen und bügeln.

4.

Den Umschlag knappkantig feststeppen. Nahtzugabe im Halsloch zurückschneiden.

Angeschnittene Knopfleiste mit Biese

Bei der angeschnittenen Knopfleiste mit Biese nähen wir die offene Kante des ersten Umbruchs in der Biese fest. Damit wirkt die Knopfleiste wie eine angesetzte, ist aber viel schneller genäht.

1.
An der vorderen Kante den zweiten Umschlag auf die linke Stoffseite falten und bügeln.

2.
Den ersten Umschlag auf die linke Stoffseite falten und bügeln.

3.
Die eben gebügelte Kante 0,5 cm von der Kante entfernt steppen (= Biese).

4.
Knopfleiste aufklappen.

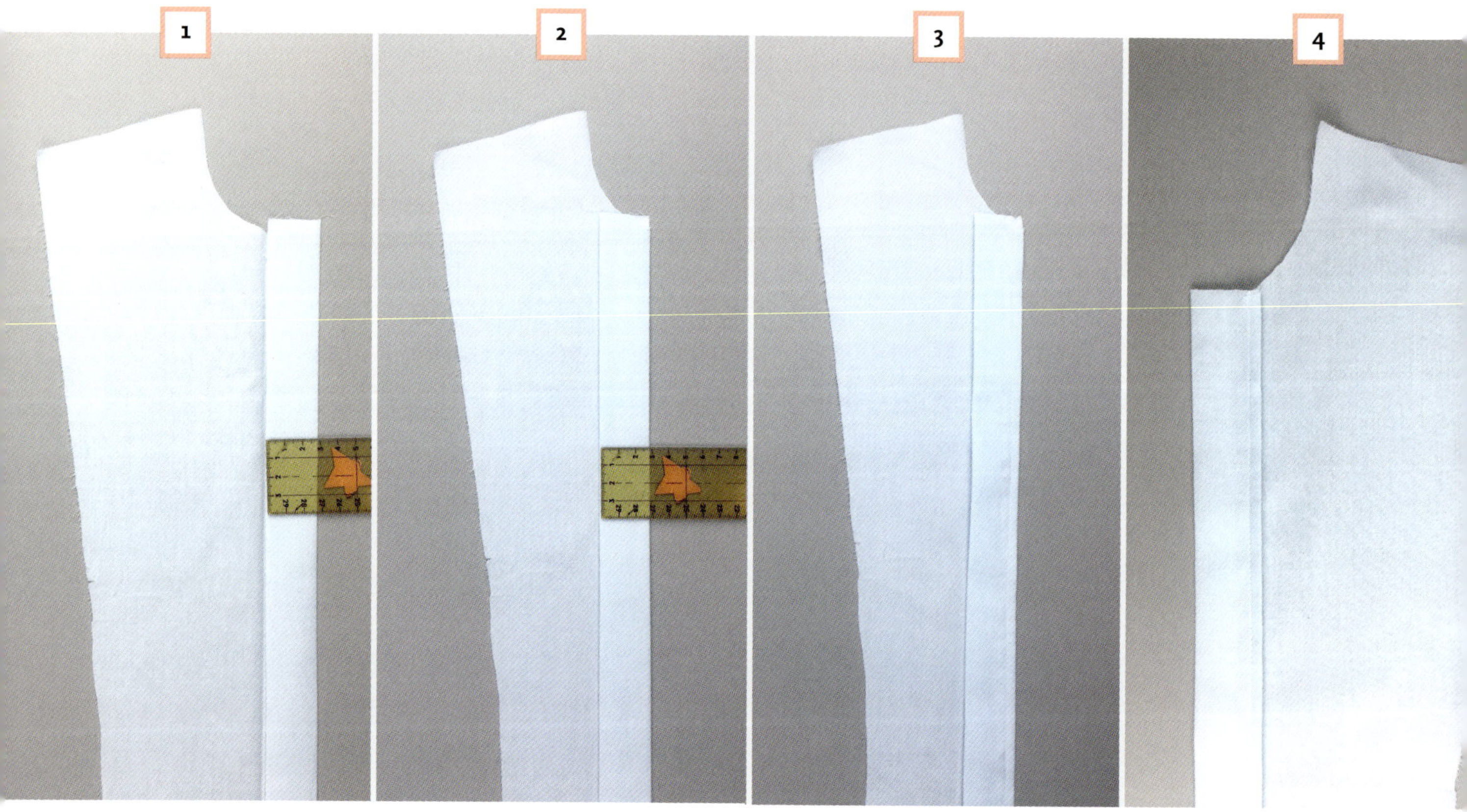

1

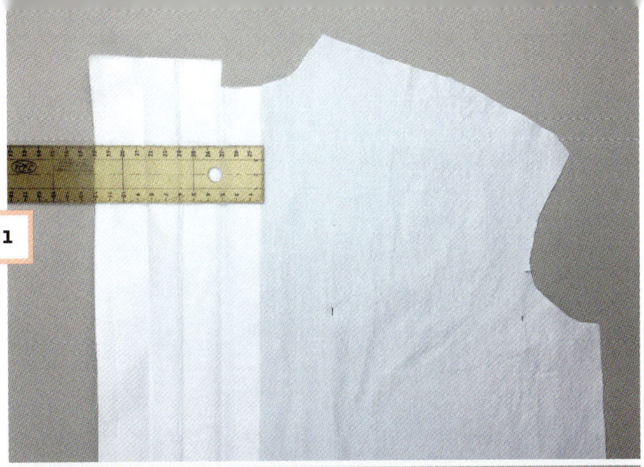

2

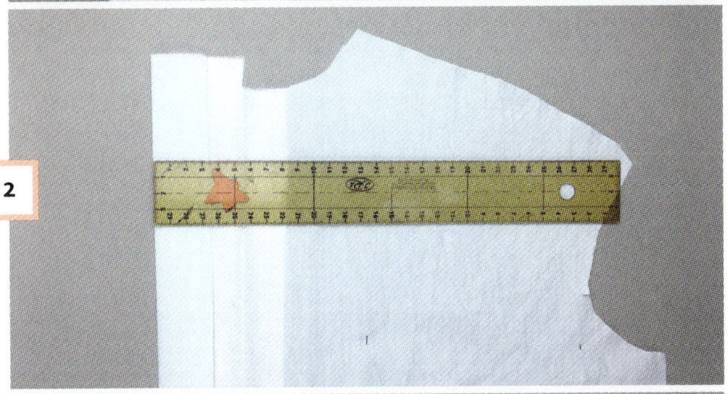

3

4

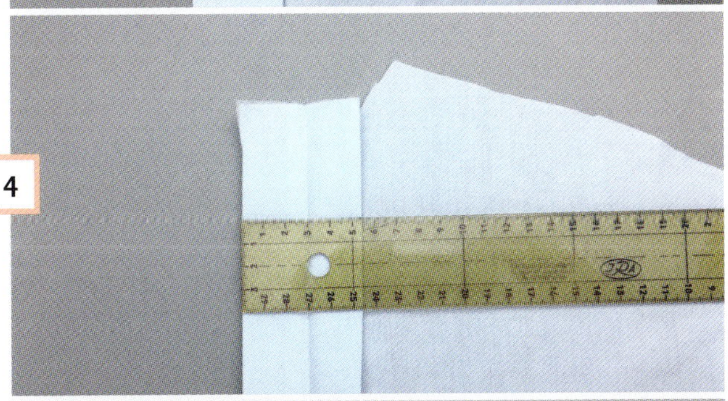

5

Verdeckte Knopfleiste

Bei der verdeckten Knopfleiste ist die untere Leiste 0,5 cm schmäler als die obere, damit sie nicht hervorblitzt. Auch hier lassen wir die Nahtzugabe in der Rundung etwas höher stehen (siehe Seite 137).

1.

Ab der vorderen Kante steht die Nahtzugabe im Halsloch etwas höher. Die Breite der Knopfleiste beträgt 3 cm, der erste Umschlag nach der vorderen Kante ist 3 cm breit. Nun folgt der verdeckte Knopfleistenteil: 2,5 cm und ganz außen 2,5 cm plus 1 cm Nahtzugabe. Alle Kanten zur Orientierung falten und bügeln.

2.

Zuerst den äußeren Teil der verdeckten Leiste inkl. Nahtzugabe (= 3,5 cm) auf die linke Stoffseite falten und bügeln.

3.

Knopfleisten (eine verdeckte und den Umschlag der äußeren Knopfleiste = 5,5, cm) an der vorderen Kante auf die linke Stoffseite bügeln.

4.

Knopfleiste in der vorgebügelten Kante (= 3 cm von der vorderen Kante entfernt) nähen, dabei liegt die verdeckte Knopfleiste plan.

5.

Nun die verdeckte Knopfleiste nach vorne bügeln und die Halslochrundung zurückschneiden.

Klassische Kragenverarbeitung

1.
Oberkragen und Unterkragen rechts auf rechts legen, an den Seiten und der oberen Kante zusammennähen. Der Oberkragen steht unten etwas über. Nahtzugaben zurückschneiden und wenden. Kante bügeln.

Nun die unteren Kanten füßchenbreit zusammennähen, dabei die Rollweite (= Mehrweite des Oberkragens) nach oben schieben (auf keinen Fall wegschneiden!). Das ist eine Sicherungsnaht, damit beim Annähen des Kragenstegs nichts verrutschen kann.

2.
Bei einem der Kragenstege an der unteren Kante die Nahtzugabe (= 1 cm) auf die linke Stoffseite bügeln. Die Kragenstege rechts auf rechts und den Kragen dazwischen legen: Der Kragensteg mit der gebügelten Kante liegt auf dem Oberkragen, der andere Kragensteg auf dem Unterkragen. Kragensteg an der oberen Kante und der Rundung zusammennähen, dabei den Kragen mitfassen. Nahtzugaben zurückschneiden und wenden.

3.
Den Kragen (mit der ungebügelten Kante) rechts auf rechts auf den Rumpf stecken und festnähen. Ideal ist es, wenn die Naht etwas von der gebügelten Kante verdeckt wird. Darauf achten, dass die Markierungen für Schultern und hintere Mitte aufeinandertreffen. Nahtzugaben nach oben bügeln.

4.
Die gebügelte Kante des Kragenstegs über die nach oben gebügelten Nahtzugaben der gerade genähten Naht so stecken, dass diese Naht knapp nicht sichtbar ist.

5.
Diese Naht knappkantig feststeppen.

1

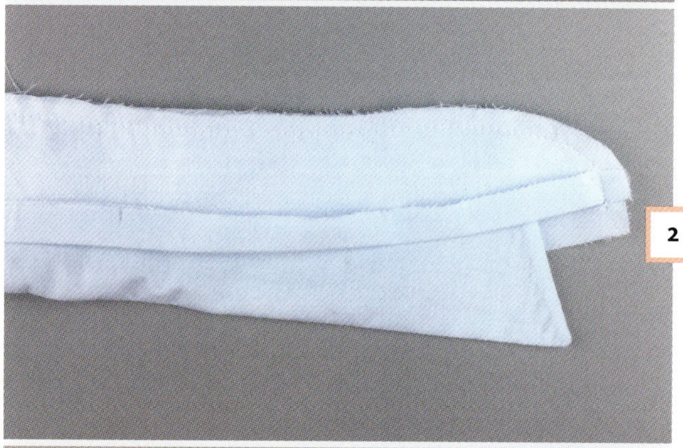

2

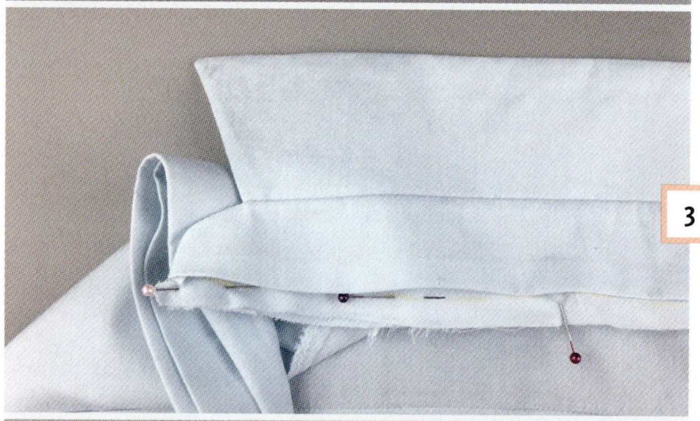

3

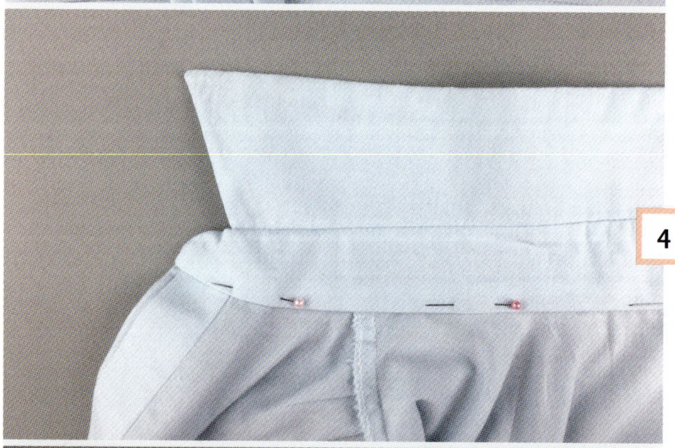

4

5

1

2

3

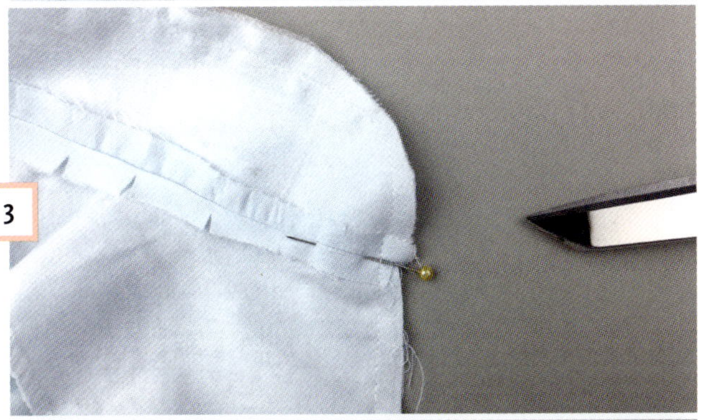

4

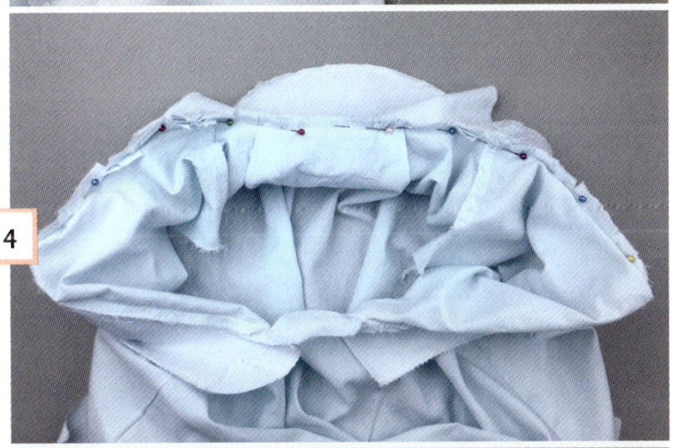

5

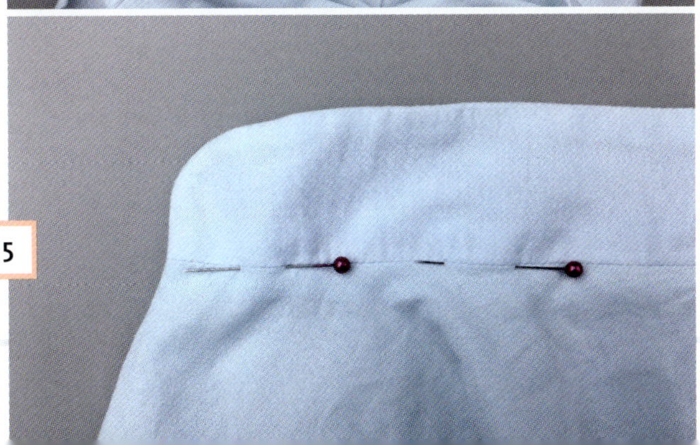

Kragenverarbeitung mit Beleg

1.
Die Schulternähte des Vorder- und Rückenteils (= Rumpf) sowie der Belege sind bereits geschlossen. Unterkragen rechts auf rechts an den Rumpf nähen. Oberkragen rechts auf rechts auf die Belege nähen. Nahtzugaben einschneiden und auseinanderbügeln.

2.
Unterkragen und Oberkragen rechts auf rechts stecken, dabei treffen die Kragenansatznähte genau aufeinander. Kragenkante und vordere Kante schließen.

3.
Nahtzugaben an der Rundung (oder der Kragenspitze, je nach Kragenform) zurückschneiden. Kragen wenden und bügeln.

4.
Nun gibt es zwei Möglichkeiten, den Kragen zu fixieren. Die erste: Nach innen greifen und die Nahtzugaben von Unter- und Oberkragen, die nach unten gebügelt wurden, zusammenstecken. Diese Nahtzugaben so knapp wie möglich neben der genähten Naht zusammennähen. Das macht man am besten mit einem Reißverschlussfüßchen, mit diesem kommt man näher an die bereits genähte Naht hin.

5.
Bei der zweiten Variante steckt man von der rechten Seite die Nähte genau aufeinander. Nun näht man den Kragen entweder im Nahtschatten oder knappkantig neben der Naht zusammen.

Zu guter Letzt fixiert man die Belege auch in der Schulternaht, indem man die Nahtzugaben entweder von links ein kleines Stück oder von rechts im Nahtschatten zusammennäht. Wenn das Modell in der hinteren Mitte eine Naht hat, kann man den Beleg dort zusätzlich fixieren.

STICHWORTVERZEICHNIS

BEZUGSNACHWEIS

Schnittpapier auf der Rolle, 50 g/m2:
Stöffler GmbH
www.stoeffler.de

Stoffe:
Hellblauer Bio-Baumwollstoff von Karlotta Pink,
Stoffe aus aller Welt
www.karlottapink.com

Weiße Viskose von Buttinette
basteln-de.buttinette.com
Streifenstoff für das Hemdblusenkleid
von Cherry Picking
www.cherry-picking.de

Schneiderbüsten:
Spur
www.tamotsukondo.com

Stockman
www.stockmanparis.com

Lineale/Schneiderwinkel:
www.architekturbedarf.de

Manschettenknöpfe:
Katja Auracher
www.wertsachen.de

Danke an Anja Güthoff für die Foto-Location;
Ingrid, Schott, Brigitte Springer und Susanne Vollmar
für die wunderbare Starthilfe; Gudrun Kölz für die
antiken Nähmaschinen sowie Stefanie Klapetek für
die konstruktive Betreuung.

Büchertipps:

Oberteil-Grundschnittvariationen
Schnittmuster erstellen und Shirts,
Tops und Blusen selber nähen.
Mit Mehrgrößen-Grundschnitt auf
beiliegendem Schnittmusterbogen.
Maruyama, Harumi
Stiebner Verlag
978-3-8307-0942-8
32,00 Euro

Der große Fotoguide für die perfekte Passform
Veblen, Sarah
Stiebner Verlag
978-3-8307-0915-2
29,90 Euro